平凹书信

贾平凹
著

陕西师范大学出版总社

图书代号：WX18N0903

图书在版编目(CIP)数据

平凹书信 / 贾平凹著. — 西安：陕西师范大学出版总社有限公司，2018.9
ISBN 978-7-5613-9999-6

Ⅰ.①平… Ⅱ.①贾… Ⅲ.①贾平凹—书信集 Ⅳ.①K825.6

中国版本图书馆CIP数据核字（2018）第109261号

平凹书信
PINGWA SHUXIN

贾平凹 著

选题策划	刘东风　木　南
责任编辑	郭永新　张　佩
特邀编辑	王　俊
责任校对	宋媛媛
封面设计	一千遍工作室
出版发行	陕西师范大学出版总社
	（西安市长安南路199号　邮编710062）
网　　址	http://www.snupg.com
印　　刷	陕西龙山海天艺术印务有限公司
开　　本	880mm×1230mm　1/32
印　　张	6.5
插　　页	4
字　　数	121千
版　　次	2018年9月第1版
印　　次	2018年9月第1次印刷
书　　号	ISBN 978-7-5613-9999-6
定　　价	42.80元

读者购书、书店添货或发现印刷装订问题，请与本公司营销部联系、调换。
电话：（029）85307864　85303629　传真：（029）85303879

目录

哭婶娘　001

给读者朋友们　008

使短篇小说短起来　010

散文就是散文　012

关于《丑石》的通信　016

读书示小妹十八生日书　022

学习心得记　027

相思　032

关于《九叶树》的通信　036

读《睡狮》　047

寄蔡翔书　051

一封荒唐信	057
致友人	063
时代呼唤大境界的作品	065
瞎摸索与新局面	067
哭三毛	072
再哭三毛	076
关于秦腔《恩仇夫妻》的通信	084
关于散文的通信	087
寄语读者	092
读《爱泉水清清》	094
与田珍颖的通信（一）	099
与田珍颖的通信（二）	102
惜时	106
关于长篇小说《土门》的通信	108
复肖云儒信	117
十篇短信	124

辞宴书	129
给尚×的信	132
推荐马河声	143
关于写作	148
读诗能耐热	157
《天气》序言	162
致林建法的信	164
生活一种	168
我见到的孙犁	171
一匹骆驼	174
高山仰止	181
孙犁论	183
孙犁的意义	185
给浅浅	199

哭婶娘

婶娘，你死的时候，我是在西安，远隔你千里，生不能再见一面，死不能扶你入棺，死者你走得不会心甘，生者我活得不能安宁，天地这般儿残酷，使我从来没有想到，而却重重地惩罚到我的头上了。如今我站在你的坟前，我叫你一声"婶娘！"不知你可听见？我知道人总是要死的，但我却怎么也受不了你死的打击！

小的时候，我的父母在外地教书，过了满月，就留我在老家让你经管。夜夜我衔着你的空奶头睡觉，一把屎，一把尿，从一尺五寸拉扯我长大。我自幼叫你是娘，心里曾经这么想过：等我成人了，挣了钱了，一定好好报答你的恩情，给你买好吃的，买好穿的。但是，我长大了，工作了，工资微薄，又忙着筹备结婚，只给你买过一双棉鞋，只说婚后了，缓过几年，先不生养孩子，先不置做家具，一定报答你，没想你竟这么早便死去了。你才五十一岁,全不是该死的年纪啊!唉,都怪我太相信人的寿命了,人真是不如一棵草,真是不能掌握自己,造成我一生不可挽回的遗恨。

在你死的那天,我本来是在写作的,但写不上半页纸,心就慌得不行。我想这种现象以前是没有过的,一定是心电感应,怕是家里有了什么事了。我第一个想到的就是奶奶,她老人家已经七十三岁,常年瘫在床上,莫不是她要下世了?一天里惶惶不可终日,到了晚上,果然有人喊我"电报!"一听电报,我腿就软了,可接到一看,却是你死的消息。这怎么能使我相信呢?可电报明明白白写着是你,我当下就昏过去了。我担心会死的老人没有死,死的偏偏就是不应死去的你,这使谁能不伤心断肠呢?

你是命苦透了的人,古书上讲,人生福苦是平分的,早年苦了,晚年必是有福,可你却全是受苦!才过门的那些年里,咱那儿封建意识多,你只能是不敢多言的小媳妇。亏你在娘家上过几年学,能为人写个书信,县上便让你去乡政府工作,你却让伯父去了。你只说男人家在外干事,也是正事,你要在家服侍双老。可伯父一工作,又慢慢当了干部,就变心了,要和你离婚。你哭得要死,家里人也骂伯父,但伯父还是死了心,从此和家里断了关系,再不回来了。可怜你为了伯父,伯父却抛弃了你。你成寡妇,你却舍不得这家老人,老人也舍不得你这媳妇,你就一直在咱家过下来,那时候,你才三十岁。三十岁上你就守寡,熬了二十多年，只说苦要出头，福要来了，你却这么就死去了！好人没有好报，是这人世没有是非曲直呢，还是容不得你这等良善？

你一生没儿没女，一直带我在你身边。我上了大学后，你来信说你太寂寞，白日里上工、服侍老人，也就罢了，只是到了晚上，就不能入睡，三点就醒了。我看了信，伤心得直哭，想你这么爱娃疼娃的人，却没娃娃疼爱，只恨我怎么就长大了呢？后来你又来了信，说你要了一个小女，村里人都说你傻，怎么不要一个大点的，偏要受拉扯罪？可是我是理解你的。你要我给小妹起个名儿，我叫她是"慰儿"，意思是来安慰你的，你几次来信感激我，说那名儿起得好。如今慰儿已长大四岁，可爱的模样，眉儿眼儿十分像你。咱这一家人，人口不旺，爷手里是兄弟五人，父手里是兄弟二人，到了我们这辈，就只有我和慰儿。你死了，孝子盆本是我来摔的，可我不在，只好让慰儿替着，可怜你走得这么孤单！等我披星戴月赶到家里，因为天热，不能久放，你已经埋了。家里一片狼藉，奶奶被人扶着，哭得昏死了过去，刚救活过来，慰儿又哭得昏过去了。我扶老携幼，不知该如何安慰她们，想奶奶常年瘫在床上，你平日端吃端喝，小慰儿还年幼，你平日疼热疼冷，你这一走，这一家人可就散了架啊，婶娘！

往日里，我的父母在外，月月将钱寄了回来，你在家主事。你为了这个家，劳心劳神，别人没吃过的苦你吃了，别人没受过的累，你受了，可你从来没有怨言。"文革"那些年，我的父母进了牛棚,再没有钱寄回,家里粮食短缺,你在外东借西借,顿顿还是将热饭递到奶奶手里,我的手里。记得那年春上,奶奶生日,家里又揭不开了锅,你从外边借回一元钱,买了三斤豆腐。豆腐做好,你一筷子夹给奶奶,一筷子夹给我,我让你吃,你说你嫌豆腐有一股豆味儿,反胃。婶娘,我那时真傻,还以为那是真的,就三口两口扒吃了豆腐,后来在厨房里,却见你吞着野菜吃,我才知道你是哄了我。我后悔地哭起来,你却笑了,说我懂事,让我以后长大有钱了,再给你买多多的豆腐吃。可到现在,我一块豆腐也还未给你买了吃,你却死了。

那一年里,你在家管老管小,一颗心还牵着我的父母,常常为他们伤心落泪。正月初十那天,你把奶奶托付给邻居,就领我去二百里外的县上找我的父母。咱们身无一文,一路上讨吃要喝,你总是让我坐在村口,你去沿门讨要。后来我见你受人欺负,我要去讨,你说:"你年幼,受不了人家冷脸白眼的。"咱们就这么赶到外县,打听我父母关在一个小学校里受训。咱们去向门口站岗的说情,人家不让进去,你哭着,下了跪,一直缠到天黑,人家才同意一个人进去。你就让我去了,我见到了我的父母,他们被打得遍体鳞伤,让我不要说给你。我走出来,看见你扒在栅栏大门口往里看,你个子低,脚下垫了石头,双手努力地往上攀,一见你这模样,我没在我的父母面前哭,却哇的一声向你哭了。你也哭了,却又安慰我,说我是这个家的独苗,万万不敢伤出个毛病来。

婶娘,咱们回到家里,我却不能再去上学,同学们都骂我"狗崽子",我和他们打,又打不过,常常回家来满脸是血。你从此就不让我到学校去,在家教我学习,我真不明白,你那时还有这份心思?我心灰了,常常不学,你发现了,狠狠地打了我一巴掌,我哭了,你也哭了,紧紧抱着我,说:"平儿,你爸妈不在,你要不好好学习,我怎么向他们交代呀?孩子,好人总是好人,学业不可丢了,咱是正经人家,可不能自己先竖不起竿子了!"婶娘,也就从那以后,我才认真地读起书来,我今日之所以上了大学,参加了工作,还不都是你教育的结果?我有了文化,写成了书本,人都夸誉我的聪明,但谁会知道这一切是你给了我的呢?

后来,父母果然平了反,我也上了大学,临走的时候,你哭哭啼啼送我一程又一程,对我说:"平儿,我没有儿,你就是我的儿,你今天有了出路,你要好好记住这是多么不容易!到社会上了,首先要好好做人,万万不可有害人之心。"我记着你的话,可是,婶娘,我却怎么也不明白,你老老实实做了一生好人,可你却怎么没能有好人的报应?我在学校,我的父母月月给我寄钱,可你还是要给我钱,我知道那是父母给你的。要你买衣服的,你却通通寄给了我。你时常做新鞋给我邮来,大学生都穿皮鞋和胶底鞋,可我却喜欢穿你做的鞋。你来信说,只要我喜欢,可以供我的鞋,一直到我有了孩子。可是如今,我还没有结婚，我就再也穿不上你那结实的、硬帮子布鞋了。

大前年的冬天，你要了慰儿，慰儿生了病，一时看不好，你抱着她到城里来住院。我那时正谈恋爱，领了女朋友去看你，你喜欢得夜里不让我们回校，硬要给我的女朋友买一双袜子。我说你手里钱紧张，你却硬不，还对她说了好多话，要她好好管着我，说我爱吃辣子，做饭不要忘了。婶娘，我们都笑你太细心，你却笑着说："不要以后娶了媳妇忘了我呀！"婶娘，我们原准备过一个月就结婚，婚后就回来看你，在家孝顺你，你却再也吃不上我给你做的饭了，再也喝不上你侄媳妇给你烧的水了啊！

去年冬天，你又一次到城里来看我，我却出了差，你就又回去了。我回来后，遗憾了几天，怨你怎么就不给我打个电话，其实那次出差并没有走远，一个电话过去，一个小时我就回来了。可你就是没有打，怕影响我，就留下信走了。信上说："平儿，本是来看你一面，你又不在，我也不能多待了。我给你奶买了一条皮褥子，再给你买一只暖水壶放在门房。西安比咱那儿冷，那里又没有热炕，夜里就用暖水壶暖暖被窝。灌上水了，一定要用布包上，别让烫了身子。"我读着信，放声哭了。婶娘，这暖水壶现在还在，你却走了，往后冬日的夜里，我怎么抱着这暖水壶去睡呢？我一见那暖水壶，怎么会不想到你而肝肠俱断呢？

你死了，死得这么快！家里人说，你是患了癌症，先是头疼，你以为是感冒了，并不在意，也不愿花钱看看，想扛一扛过去。后来整天发低烧，你剪短了头发，只说是热的来，但是，那低烧并没停止，一日不济了一日。可你还是没有告诉奶奶，没有告诉我的父母，也不给我说明，只是没黑没明地劳累，终于在前一个月睡倒了。医生来诊断，才说是患了癌症，已经到了后期。婶娘，你这病，全是劳累下的，你是让这个老的老、少的少的家劳累坏了。你生到世上，只是为着别人，别人却疏忽了你，你也疏忽了你自己啊！没有你，就没有我，没有这个家，如今死了你，苦了我，苦了家，苦了这村，苦了这人世的良善。你没了别人的同情、帮助，你一样能活得下去，别人没了你，却是这么的难过、孤独、痛不欲生。你是个平凡的女人，你成全了我，也培养了我做人的品德。你这品德是人世永存的。

奶奶痛哭了你几日，身体越发虚弱了，我的父母决定接她老人家到他们单位去度晚年。我坚决要领小慰儿跟我到城里去，我管她生活，管她上学，将来管她成人出嫁。我们后天就走，但是一家人都走不痛快，想我们都要走了，只留下你在这里，就不禁又哭成一团。但是，我又想，你是不会生气的，你要是活着，你也会同意的。因为你是舍不得这块故土，当年伯父走了，你没有走，这二十多年里，你没有走，你死了，也要守在这里的。可你相信，我们会永远记住你的，每年会回来看你的，你就安安地睡吧，婶娘！

一九八一年五月二十日晚草于静虚村

给读者朋友们

——《月迹》序

我常想,我们这个时代,该是一个月亮的时代呢。月亮是美丽的,美丽的月亮照着我们所有的人,也给了我们所有人最多的情绪和最多的幻想了。

但是,月亮是亲爱的,月亮有时却也是不可摸透的,使我为渴望着探索到它的秘密而被折磨着、悲哀着。

我于是这么唱着——

心灵在天空飞翔,

从此我退化了翅膀,

因为我没有一件乐器,

所以我才写诗的文章。

可惜我的阅世太浅了,知识太狭窄了。我羡慕那种横空排浪式的汪洋场面,但我无能,只是感受来了,情绪有了声响,幻想有了色彩,旋转着向一点探深而去了。像河中石碑里的水的漩涡,一任儿钻下,眼瞧着其中就有了一个银亮亮的空心轴儿,咕咕地,有着力的响声。像一只鸟儿,突然落在一株老树枝上,使每一片叶子都悸动了,哗哗地,感到了身心的愉快。

这便是我的散文吗?

我感到了羞怯和不安。

对着这本极小极小的书,恕我只说这么几句吧,朋友!

一九八二年春

使短篇小说短起来

——自我告诫之一

你多么糊涂：为什么将每一事、每一人、每一景，一味地去模拟而堆砌那些烦琐的细节呢？以为这样就是有了生活气息，有了地方色彩吗？就事论事地写去，你以为最深刻了，最宏富了，其实适得其反！请你明白：现代文学是内向的文学，暗示的文学。而要做到这一点，就必须把主要的精力放在对生活的概括和选择上。

知道吗，你总是要把你的目的显露出来，这是干了多么大的蠢事！多么高傲啊，又是多么浅薄。你的目的就像一条绳索，捆住了读者想象的翅膀，当读者明白你的简单目的后，他们嗤之一笑，便无情地将你抛弃了。狠狠心，删去一切表面的东西吧，包括文字、描绘、激情，限制了再限制。记住：越是你知道多的地方，越要不写或者写得很少，空白，正是你要写的地方呢。

怎么能用写长篇、中篇的办法去写短篇呢？长、中篇和短篇的区别永远不只是字数上的多少，别人问：最近发表了什么？你总是说：××刊物上发了一个一万字的。为什么要说"一万字"而不说"一篇"？文学如做人一样，虚荣、浮躁、小聪明，都在时时阻碍你的成功。如果你还有一碗饭吃，万万不要在字数上计较。

你经不起诱惑，老企图大的主题，但你却错误地认为只有大的事件才能表现大的主题。总想"轰动"，使你不能冷静。还是老实地到生活中去感受、体验。"妙微精深"，微了才能达到深，这实在是这个世界、这个人生一切神秘大门的开关啊！

请不要苦心巴巴地按流行的条律去塑造一个什么典型。莎士比亚、巴尔扎克永远是我们崇拜的文学先祖，但是，先祖却不能局限了我们的手脚。文学越来越没有什么法和式了。

不要再去复述一个有头有尾的故事吧，生活是无情节的。戏剧性对于现代人越来越不真实了。开头和结尾比任何时候都来得重要。

从内容到形式，你找到独特二字，你便站得住脚了。朴素和单纯，恰恰合乎于现代生活和现代人的心境。你不觉得这事奇怪吗？

作品的真正价值在于作者的本身，你明白吗？你不要害怕没有评论家重视你，不要害怕一些读者不习惯。艺术是在突破中发展的。它是靠征服而存在，不是求迎合而可怜地活着。

散文就是散文

——自我告诫之二

你做梦也不曾想到吧,现在的时代竟是一个宜于产生散文的时代呢。散文是最易于表现情绪的,而现在的情绪却比任何时候都来得充分:振奋的有之,消沉的有之,健康的有之,颓废的有之,激动,冷漠,欢呼,反对……矛盾是愈来愈层次交错,情绪便愈来愈丰富而生动啊!

是的,散文久久以来却被人冷落了。你不必怀多感激,也不必临风叹息,能怨天吗,能尤地吗,它自己失落了真情,怎么怪世人无情!一位大家出现,天下学子万千;大家可以使学子受益,大家也可以使学子得损。艺术的一兴一衰,这是势也。扫荡枯败,重整篱笆,收拾园地,现在最需要的是胆量和力气。

记住:任何大家,任何名著,当你学习他的时候,必须将他拉在你的脚下,这不是狂妄,而正是知其长,知其短,得精神以弃皮毛。

你总是苦恼散文的重量比不得小说，但是，你却一篇又一篇地写那些山山水水，风花雪月。散文难道只是供人消遣的小玩意儿？只是一种翻来覆去的文字魔术吗？咳，可怜的你，把散文装在框子里了，散文怎么能不在框子里装起你来呢！请不要在名山上做文章，请不要在胜景上做文章，你到日常生活中去吧，让日常生活走进散文中来。真文才是新文，新文才是奇文。

或许你是习惯了，用赫然的口气，用赫然的文字。请问，你有赫然的寓意吗？赫然的寓意往往产生于极平易的事物里。你知道吗？你习惯了你的赫然，世人也习惯了你的浮华，伟大而空洞的东西使你碰得焦头烂额。但是，为什么反过来又要写得那么甜、那么巧呢？你好不清白！纤巧会使你变得更做作，更苍白，一副小家子气。

小说家可以以散文笔调去写小说，为什么你不可以以小说笔法去写散文？诚然，散文不是以塑造人物为目的，可有什么理由要将人拒在散文门外呢？但是，你又错了，以为情节简单的就是散文，情节复杂的就是小说，编辑只好将你的散文编在小说专号里了，如此而已。

散文更重要的还是细节，甚至比小说来得更精，来得更纯；才、识、学，比任何艺术门类都检验得严格。真实的感受，独特的吟味，幽深的寓意，靠的不是编造故事的天才，靠的不是红红绿绿词汇的游戏。事实证明着散文不需要生活的论调是何等的无知!

别人云亦云地唠叨"形散神不散"的旧话吧,散文最讲究严密的结构,但却来得轻轻松松。请留有空间,把你卖关子的地方都空起来,闲起来,将所有的窗子打开,将所有的门扇打开。艺术是表现的艺术,而不是要你再现;技巧,是不夸耀技巧。

已经讲过百遍、千遍了:不要只在写作的时候,你才是个艺术家,而是生活中的每时每刻,你都要记住你的职责。但你在艺术素养的培养上,做得太差了,太差了。你可清楚:万事万物都是可以进入文法的,穷极物理,便妙想迁得。如此而行,你就不愁没有新的角度、新的结构了。

可以说,耐不住寂寞,耐不住孤独,是你最致命的弱点。一部《西游记》,难道还不能给你"取经唯诚,伏怪以力"的启示吗?艺术的道理有的可以说出,有时不能说出,达摩可以面壁十年,你何不潜心去"悟"那些意会而不可言出的艺术真谛呢?要虚,虚怀天下风雨,你便有源于高度的自觉,而不沦于就事论事;要静,静观自然万象,你便有精于其道的自信,而不溺于俗艳浮华。

不妨你可以试试:少抱些流行杂志而觅精吸髓,花力气去在中国古典艺术中找那些与西方现代派文学相通相似的方法吧。艺术是世界相通的,存异的只是民族气质决定下不同表现罢了。从他们相通相似的地方比较，探索进去，这或许是一条最能表现当今中国人生活和情绪的出路呢。

一九八三年一月二十一日于静虚村

关于《丑石》的通信

刘路同志：

您好！四月三十日的来信收读了，十分感激您对我的关心和鼓励。

您要我谈谈《丑石》，实在苦了我几天：谈些什么呢？有什么好谈的呢？我的散文，如同我的小说一样肤浅，幼稚，那仅仅是一种试验性的文字罢了。真的，满意的作品还未写出，这是我常常陷进了一种羞愧的境地而又以此不甘自弃在走着摇摇晃晃的艰难步子的原因。

您是知道的，我弄起文学来，一尽儿荒唐。先是写诗，后又写小说，突然再写起散文。鬼知道什么缘故就常常转移了。反正觉得三者交错着，倒竟能相互渗透，写起来不是一种"受罪"呢，于是就这么任性儿写下去了。《丑石》能收进中学语文教材,大出我之所料!《丑石》被看中,我很高兴。丑石一样众多的人才被社会重视,我兴奋得要振臂欢呼!但我同时感到了惶恐,竟没有将这篇文字写得更尽心意些。

事实就是这样:中华民族,是一个藏龙卧虎的民族,社会主义制度决定了中国这块土地的丰富和神秘。三中全会以来,人才的发掘和培养,得到了空前的重视,当我每日读着报纸上的人才的报道,身心都处于一种激动之中。在这了不起的时代里,我接触到好多各方面的人才,了解他们,熟悉他们,向他们学习,同时深深懂得了人才成长的艰难性和发现人才的艰难性。有好多人才,遗憾地常常不被人们发觉和理解,反而遭到热讽冷刺,甚至打击迫害。但他们可贵的是并不懊丧和沉沦,而是忍受着寂寞和委屈,自强不息。对于这种情况,我总想写写什么东西。但苦于没有一个好的角度。有一次听到一位朋友讲起某地发现陨石的事,立即触动了我儿时老家门前一块丑石的记忆,创作欲以此爆发了,连夜草成了这篇散文。

因为篇幅很小,写起来又必须要纵贯二三百年,必须要记十多件事,构思时就尽量限制自己:要写得紧凑,又要写得放松。就是说结构上要严谨,但空间要留得相当多,而将一种诗的东西隐流于文字的后面。当时为了表现得自然一点,我抓住丑石的特点,竭力铺开,写细,写活,而当写到后边,突然归结到丑与美的辩证法,埋没与擢用的规律上,这是我构思时未完全想到的,当时十分惊喜。写出后，一气又念着改了几处，删去一些多余的话，就装进信封投出去了。

写千字文，对我来说，难度很大，总想写得简练一些，拙朴一些，但自恨功力不行，不能如愿。

文学作品，不管长短大小，一经发表了，就属于社会的产品，读者各人有各人的看法。所以，面对着铅字的《丑石》，我也不必多说什么了（其实我也说不清）。您是大学的老师，又搞创作又善评论，还盼望您多多诊断，给予批评，以助于我今后再努力。您说是吗？

祝您一切皆好！

贾平凹

一九八三年五月三日

附：刘路来信

平凹：

南行归来，看到你的来信，十分高兴。几年来，你把小说和散文间作套种，并全面获得稳产高产，不容易呢！前些日子路遥来叙，话题扯到你的散文，他在仔细地推敲、评价之后，也亲昵地骂你："平凹这家伙，弄啥成啥！"

我喜欢散文，甚至超过了小说。越喜爱，便觉得散文真难写，弄出一篇上好的散文更是难上加难。我们中国，是个散文创作历史悠久、传统深厚的国度。在中国，对散文水准要求极高，贸然为之，定会贻笑大方。因此，我有时能不知羞涩地抛出万把字的小说，却从没有发过一篇千字散文……偶尔拿起笔，意境、色彩、韵致、节奏、格调，所有这些东西骤然汇集在一起，一下就变成沉重的包袱，落在小小的笔端上！你想想，该是一种什么滋味？"青年像诗歌，中年像小说，老年像散文，一生像戏剧"，散文是文学修养和艺术造诣极深的老作家的领地，不敢觊觎！现在，你的成功，把我的偏见彻底矫正了：各种文学样式没有法定的上帝，青年作家在散文领域完全可以大显身手！

就说《丑石》吧！这是一篇托物寄意的散文。文中展现的，仅是一块丑得不能再丑的丑石——宇宙万物的一鳞半爪，但是它却能把读者的思想、感受、想象、情绪，引向一个非常深邃的境界。在你漫不经心的叙述中，浸透出一番发人深思、令人扼腕的哲理：千里马常在，伯乐不常在。流俗和偏见，埋没了多少人才啊！从纷杂的社会生活中，撷取能凝聚出哲理的原料，开掘出启人心智的见解，在我的感受中，那是最费心力的了。因为这种文章，须得"通两头"，一头是作者的"心灵"（感受点），另一头是事物的"物灵"（寄托点），只有找到这方面精确而微妙的联系，方能寓意融切、托物无迹，方无情大于物、思绪游离之感！你写《丑石》，用了一半多的篇幅，极尽渲染丑石之丑，从外形，从质地，从用场，从氛围，使其丑得形神兼备，丑得无以复加。到后来，在天文学家的惊人发现之后，它又美得无与伦比，美得难能可贵了。丑石前后价值的巨大差异，构成了你的"寄托点"，这一寄托点与你的感受点（如你信上所说，不赘）的高度融合，就使读者感受到哲理的力量，领悟出精辟的人生意义！这真是含蓄蕴藉而又寓意精妙！自然物象是人人眼中所有的东西。但自然物象本身，并不包孕丰富深刻的生活内容和动人的思想。只有善于透视生活、敏于思索的作家，才能把对生活的感受，投射到自然物上。正如罗丹所赞许的那些伟大的风景画家那样，善于"在树木的阴影中，在天边的一角中，觑见了和他们心意一致的思想，这些思想有时和蔼，有时庄严，有时大胆"（温·丘吉尔《我与绘画的缘分》）。然后，发物象之灵异，寄人生之精思，并通过艺术描绘把它体现出来，体现得比诗更隽永和自由，比小说更优雅而舒曼——这真是一件不容易的事呢！

看名画，我总喜欢在欣赏名画之后，琢磨一下它的细部，越看越觉得一个画家功底的厚薄，主要看他平时写生的积累。文有文眼，诗有诗眼，画有没有呢？《丑石》的眼，我觉得就是它上面那个坑凹！好家伙！天晓得你怎么会想出这个来！读者把它叫作细节也好，叫作触媒也好，总之，有了这个坑凹，丑石一下子腾跃而起，活灵活现出一股生气，一下子"灵化"出一个美的意境！在对丑石之丑的渲染中，行文上的这一松动，看似信笔而至，却颇具生活情趣。有了这神来的一笔，不但丑石别具风味，而且文章也一下子变得从容、空灵而又圆润了。琢磨着这个坑凹，我又联想到你的《春女》中那个小姑娘头上插着的迎春花。没有那朵花，小姑娘能那么活脱吗？文章能那么风采翩翩吗？这正是大家的手法！王国维有"写境"与"造境"之说，这坑凹和迎春花，即是"造境"，我以为"造境"比"写境"更需要功力。从行文上，我说不清这种手法的美学原理，我只想到文章如建筑，在重楼叠屋处，是不能缺少一条长长的游廊的。

还有，我发现，你的散文，包括这篇《丑石》，大都是以童年家乡生活为素材的。读这些篇什，我深切地感到，对家乡和童年诗意的理解，是生活给予作家最大的馈赠！不少文学大师都认为，对乡土和童年的眷恋，将保持艺术作品恒久的生命。我以为，从题材上说，你的散文美的魅力正在于此。

好了，该打住了。如果一定要在鸡蛋里面挑骨头的话，我朦胧地觉得，《丑石》的后半部分，似乎不如前半部分那样气韵流动，理念的影子涂得重了一些（包括人物语言的个性化色彩较弱）。题旨只须轻轻一点，余念拜托读者咀嚼可矣！姑妄言之，浅薄得很，想你不会怪我吧！

顺祝文安！

刘路

一九八三年五月十五日

读书示小妹十八生日书

　　七月十七日，是你十八生日，辞旧迎新，咱们家又有一个大人了。贾家在乡里是大户，父辈那代兄弟四人，传到咱们这代，兄弟十个，姊妹七个；我是男儿老八，你是女儿最小。分家后，众兄众姐都英英武武有用于社会，只是可怜了咱俩。我那时体单力孱，面又丑陋，十三岁看去老气犹如二十，村人笑为痴傻，你又三岁不能言语，哇哇只会啼哭，父母年纪已老，恨无人接力，常怨咱这一门人丁不达。从那时起，我就羞于在人前走动，背着你在角落玩耍；有话无人可说，言于你你又不能回答，就喜欢起书来。书中的人对我最好，每每读到欢心处，我就在地上翻着跟头，你就乐得直叫；读到伤心处，我便哭了，你见我哭了，也便趴在我身上哭。但是，更多的是在沙地上，我筑好一个沙城让你玩，自个躺在一边读书，结果总是让你尿湿在裤子上，你又是哭,我不知如何哄你,就给你念书听,你竟不哭了,我感激得抱住你,说:"我小妹也是爱书人啊!"东村的二旦家,其父是老先生,家有好多藏书,我背着你去借,人家不肯,说要帮着推磨子。我便将你放在磨盘顶上,教你拨着磨眼,我就抱着磨棍推起磨盘转,一个上午,给人家磨了三升苞谷,借了三本书,我乐得去亲你,把你的脸蛋都咬出了一个红牙印儿。你还记得那本《红楼梦》吗?那是你到了四岁,刚刚学会说话,咱们到县城姨家去,我发现柜里有一本书,就蹲在那里看起来,虽然并不全懂,但觉得很有味道。天快黑了,书只看了五分之一,要回去,我就偷偷将书藏在怀里。三天后,姨家人来找,说我是贼,我不服,两厢骂起来,被娘打过一个耳光,我哭了,你也哭了,娘也抱住咱们哭,你那时说:"哥哥,我长大了,一定给你买书!"小妹,你那一句话,给了兄多大安慰,如今我一坐在书房,看着满架书籍,我就记想那时的可怜了。

　　咱们不是书香门第,家里一直不曾富绰,即使现在,父母和你还在乡下,地分了,粮是不短缺了,钱却有出没入,兄虽每月寄点,也只能顾住油盐酱醋,比不得会做生意的人家。但是,穷不是咱们的错,书却会使咱们位低而人品不微,贫困而志向不贱。这个社会,天下在振兴,民族在发奋,咱们不企图做官,以仕途之路作功于国家,但作为凡人百姓,咱们却只有读书习文才能有益于社会啊。你也立志写作,兄很高兴,你就要把书看重,什么都不要眼红,眼红读书,什么朋友都可抛弃,但书之友不能一日不交。贫困倒是当作家的准备条件,书是忌富,人富则思惰,你目下处境正好逼你静心地读书,深知书中的精义。这道理人往往以为不信,走过来了方才醒悟,小妹可将我的话记住,免得以后悔之不及。

兄在外已经十年,目不敢忘了读书,所作一二篇文章,尽属肤浅习作,愈使读书不已。过了二月二十一日,已到了而立之年,才更知立身难,立德难,立文难。夜读《西游记》,悟出"取经唯诚,伏怪以力",不觉怀多感激,临风而叹息。兄在你这般年纪,读书目过能记,每每是借来之书,读得也十分注重,而今桌上、几上、案上、床上,满是书籍,却常常读过十不能记下四五,这全是年龄所致也,我至今只有以抄写辅助强记,但你一定要珍惜现在年纪,多多读书啊。

既有条件,读书万万不能狭窄。文学书要读,政治书要读,哲学、历史、美学、天文、地理、医药、建筑、美术、乐理……凡能找到的书,都要读读。若读书面窄,借鉴就不多,思路就不广,触一而不能通三。但是,切切又不要忘了精读,真正的本事掌握,全在于精读。世上好书,浩如烟海,一生不可能读完,且又有的书虽好,但不能全为之喜爱,如我一生不喜食肉,但肉却确实是世上好东西。你若喜欢上一本书了,不妨多读:第一遍可囫囵吞枣读,这叫享受;第二遍就静心坐下来读,这叫吟味;第三遍便要一句一句想着读，这叫深究。三遍读过，放上几天，再去读读，常又会有再新再悟的地方。你真真正正爱上这本书了，就在一个时期多找些这位作家的书来读，读他的长篇，读他的中篇，读他的短篇，或者散文，或者诗歌，或者理论，再读外人对他的评论，所写的传记，也可再读读和他同期作家的一些作品。这样，你知道他的文了，更知道他的人了，明白当时是什么社会，如何的文坛，他的经历、性格、人品、爱好等等是怎样促使他的风格的形成。大凡世上，一个作家都有自己一套写法，都是有迹而可觅寻，当然有的天分太高了，便不是一时一阵便可理得清的。兄读中国的庄子、太白、东坡诗文，读外国的泰戈尔、川端康成、海明威之文，便至今于起灭转接之间不可测识。说来，还是兄读书太少，悟觉浅薄啊！如此这番读过，你就不要理他了，将他丢开，重新进攻另一个大家。文学是在突破中前进，你要时时注意，前人走到了什么地方，同辈人走到了什么地方。任何一个大家，你只能继承，不能重复，你要在读他的作品时，就将他拉到你的脚下来读。这不是狂妄，这正是知其长，晓其短，师精神而弃皮毛啊。虚无主义可笑，但全然跪倒来读，他可以使你得益，也可能使你受损，永远在他的屁股后了。这你要好好记住。

在家时，逢小妹生日，兄总为你梳那一双细辫，亲手要为你剥娘煮熟的鸡蛋。一走十年，竟总是忘了你生日的具体时间，这你是该骂我的了。今年一入夏，我便时时提醒自己，到时一定要祝贺你成人。邻居妇人要我送你一笔大钱，说我写书，稿费易如就地俯拾，我反驳，又说我"肥猪也哼哼"，咳，邻人只知是钱！人活着不能没钱，但只要有一碗吃，钱又算个什么呢？如今稿费低贱，家岂是以稿费发得？读书要读精品，写书要立之于身，功于天下，哪里是邻居妇人之见啊！这么多年，兄并不敢侈奢，只是简朴，唯恐忘了往昔困顿，也是不忘了往昔，方将所得数钱尽买了书籍。所以，小妹生日，兄什么也不送，仅买一套名著十册给你寄来，乞妹快活。

一九八三年七月初写于静虚村

学习心得记

——与友人的信

××同志：

您的来信收到了，对于您的关怀和鼓励，十分感谢！您的每一封来信，我都认真研读，所谈的文学上的见解，使我受益不少。你要我说说对于民族文学的体会，却实在令我惶恐了。您知道，我读书极少，又都不求甚解，对于理论上的事，知识更是肤浅，我只能说出我的一些想法，引逗您的高见了。

现在，好多人都在说：越是民族的东西，越是世界的东西。这话极是。大凡世界上的文学大家，无一不是如此。就拿您所提到的泰戈尔和川端康成为例吧，他们都是亚洲获得诺贝尔文学奖的作家；泰戈尔的诗文没有一篇不是印度式的，而川端康成，将日本民族的精神、气质，乃至茶道、花道，淋漓尽致地表现在他的作品里。三十年代，是中国文坛又一个群星灿烂时期，以鲁迅为首的一大批作家，包括朱自清、郁达夫、沈从文、丰子恺等，他们的成功，也正是这样。

正因为文学是世界相通的，所以各个民族的文学也是在不断发展的。如果一成不变了，故步自封了，那就适得其反了。所谓大家的出现，他们都是以民族的东西而为自立，却明明显显地没有一个不是吸收、借鉴外来文学的精华的，这也是他们之所以能自立的原因。

这似乎是矛盾，其实是统一的。试想不清楚这一点，要么就会导致一味洋化，从内容到形式，结果在国内新是新了，在世界上却屡见不鲜。如果都是一样，而你又迟人之后，岂能有你可坐的交椅？要么妄自尊大，我行我素，名是"民族的"，实则并不能反映在同一个转动的地球上本民族的当代的人和人的生活、情绪，那又何以是民族的东西呢？

由于地理的区别，人种的区别，政治、经济、社会制度、风俗的区别，面对着这个世界，他们向世界发出的心声应该是相通的，有异的只是表现出来的形式罢了。在这个相通的前提下，写出区别的"有异"，我想，是不是就有了各民族的特点呢？

那么，中国民族的特点是什么？中国民族文学的特点又是什么呢？

我是这么想的：首先，是否应该从中国的社会发展史上、哲学发展史上、美学发展史上、文学艺术发展史上去读些书呢？

当然，社会发展到今天，我们的信仰是马列主义，这是坚定不移的。但正如中国革命的成功是马列主义同中国革命实践相结合的产物，就不妨像了解中国革命历史的状况一样，要了解中国民族文学的特点，就又要知道民族文学发展的状况了。在中国，先秦时期产生了诸子百家，而孔孟的哲学、老庄的哲学，几千年里一直沿袭统治着漫长的封建社会的精神，几乎渗透到社会的各个方面，以此形成了中国人的道德、观念、礼仪、习尚，以及以此又形成的民族的气质、性格、风俗、习惯。这个历史内容的了解，才能深知中国民族传统的精神精髓。这并不是说继承民族的东西，就是要继承孔孟、老庄之道，意思仅仅在于了解了这些，而足以进一步探讨民族文学的东西。

在这种形式的民族传统的精神支配下，民族的文化艺术也逐步形成了自己的一套美学体系，比如诗词、小说、散文、书法、绘画、音乐、戏曲，乃至医学、建筑、园林、武术等等。如果细细地逐一加以中外比较，中国民族的美的传统的表现方法就显而易见了。

单就绘画、戏曲来说，中国的画，尤其山水画，纸面上它总是完整的构图，从上而下，先是天空，天下是树，树长山上，山脚存水，水边筑屋，屋旁立人，是一个有限的天地，但斗方之中的有限境界，却唤起了读者无限的情思。而油画，则讲究透视、焦点，一一俱实，不求完整的无限，却给人的感觉是有限的实景。戏曲可以在舞台上超越时空观念，融语言、诗、歌、舞、雕塑、绘画、工艺、建筑、武术、杂技等为一体，将严谨的程式化规范与时空间的自由创造高度统一。而话剧则绝对是时时事事严格地生活化的。这么一比较，中国画和中国戏曲就明显地看出是表现的艺术。在它的画面上和舞台上，出现的并不是生活的原型，但通过构图和表演，引起了生活的幻觉，使读者和观众的喜怒哀乐，不仅将生活艺术化，而且把人物内心世界视像化、特写化、叙述化。当然，这种表现艺术，并不是不要生活或忽视生活，恰恰相反，它更重视和强调生活，它是以充实的生活为基础的。中国历来是诗书琴画为一体的，古人论艺术又总强调三部曲：不似到似，似到不似——也正是这个道理。

有了这个区别，再将中外的艺术进一步比较，我们就会奇异地看到，它们是有着许许多多相似之处。外国的一些著名的艺术大家，他们的创造大都是从中国的艺术中受到启发而贯通运用的。就拿外国的一些抽象变形的画来看，他们为了强调主观感受，故意将人的几何物体打乱组合。但在中国的写意人物画中，不是更有只顾一点、不计其余的大笔泼墨作品吗？不也是强调抒发内心世界吗？一个是打乱组合，一个是泼墨写意，不同的仅仅是民族的气质、性格、欣赏习惯以及材料运用的限制的表面的东西了。

知道了中国民族的传统精神的东西，再知道了中国民族传统的美的表现方法，反过头来，我们就可以在马列主义的理论指导下，大胆地有取有舍地吸收外国的优秀东西了。如再将两者结合，我们民族的文学是可以走向文学的"奥林匹克运动会"的，而不至于只知其一、不知其二的盲目了。

多读外国的名著，多写中国的文章。深深扎根于民族文学的沃土里，反映我们现代中国人的生活，做出创造，这是这个时代、这个社会交给我们这些文学青年的事业啊。

我的这一通想法，您一定感到十分可笑了吧。您是搞理论研究的，知道得要比我多得多，我有说得偏差的、幼稚的，还等着您的批评呢。

最近，有一位加拿大籍华裔学者写的《中国古典诗歌评论集》《王国维及其文学批评》，不知您读过没有？那里若买不到，我可以给您寄一套去。

祝心身健康！

一九八三年十月二十八日

相　思

——献给我的好友丁××

　　一个盒子，是原竹做成的，竹节的部分截下来，打磨，雕琢，玲珑剔透得万般可爱了，上边装一块活动的玻璃，这便是你的珍藏了。下了班，或者吃着饭，或者要睡觉去，这盒子就放在你的手心，你屏住气，专注地凝视，高度的近视使你不得不贴得盒子那么近，以至口鼻的热气在玻璃上哈出一层水珠。盒子里边是一只蟋蟀，长长的腿，细细的触须，但比蟋蟀小多了，小到了五倍、十倍，浑身金黄，像是一片跃动的金砾。于是，你不自觉地就哼起评弹调来，在这漠漠的戈壁滩上，空气的流通是没有任何阻碍的，评弹调就游丝一般的，铮铮飘远。

　　唉，你是个粗糙的人，那额角，那鼻头，那方方的下巴颏儿，使人想象着本不是长出的，是用斧子砍出来的，除了两个眼镜片子，你身上还有闪亮的物什吗？头发总是乱的，胡子被剪刀铰得七长八短,你应该是一个放形骸外的角色,竟偏偏玩这种玩意儿?!

你说,这是黄蛉,是你从老家带来的。

这使人多么不理解!你的老家在苏州。苏州,是何等样一个美妙的地方啊,你生在那里,长到十九岁,大学毕业后就到大西北来了。大西北是寸草不生的玄武岩山,是有孤烟直长的大沙漠,你是学地质的,帆布做成的偌大的地质挎包在肩上,你已经奔波了二十年。二十年的帐篷,在山海沙海里,犹如一叶小舟,冷月弯弯地照着,苏州城外的寒山寺的钟声,是能"夜半到客船"吗?妻子,那位如花似玉的美人儿,在望着你,相思的网撒满了脸面,她在打捞着远去的一颗爱的心。你每年回去一次,每一次在门前植一丛慈竹,但是,你又走了,留给她的是一丛一丛竹叶的"个"字。孩子已经六岁了,他的记忆里,你只是一个照片上的平面人,他在你植的竹园里喊着"爸爸",你不能回答,你的竹园里却生殖了无穷无尽的黄蛉,它们在鸣叫着,啾啾的,那是你的神经,是你的精灵,是你的乡思乡音。所以,她捉住一只,装在这精巧的盒子里,在你再一次回去的时候,送给了你吗?

你拥抱着你的妻子,吻着你的儿子,求他们宽恕你,但你还是又一次走了,你说:"祖国需要金子,大西北的沙漠里是有金子的,等十个金矿找到,我就回来了!"

一个竹子做成的盒子,一个盒子里装着的黄蛉,便和你从苏州出发,八千里路云和月,你们一起生活在了大西北。

你或许冷了不知道添衣,热了不知道减衣,但你却明明白白提醒自己:黄蛉的生存是要有一定的温度的。冬天里,大家坐在钻机下休息,都点着烟吸,你不会吸烟,就从怀里掏出黄蛉来看。这黄蛉盒子你不装在贴身的衬衣兜里,你担心体温会热坏它,你又不肯装在大衣的外兜,害怕风寒冻坏,你花费了三个钟头,拙手拙脚地在大衣内侧大针脚缝一个小口袋。夜里,一盏孤灯伴着你,你画着图纸,鉴定着矿石,你常常把吃饭忘掉了,当炊事员送来晚饭,你总是疑惑地说:"我还没吃饭吗?"但你忘不了给黄蛉喂食,它只吃苹果,每次只消切豆粒大一点放在里边,这苹果却同你的仪器、书籍一样重要,你是专意让人从内地代买来的。

现在,七斗星已经斜了,银河里风平浪静,你要睡下了,你便要将黄蛉盒子轻轻放在枕头底下。并不是枕头底下,你怕枕头的重量压了它。往被窝里放,又怕被窝热气烫了它。你用枕巾盖住,放在你的脖子下。这是你最惬意的时候,万籁俱静,你听见了黄蛉的啾啾声,那是世界上最微弱的声音,也是最清脆的音乐,是金石之响,是心律之韵。你于是就入了梦里。

啊,你是梦见了你的妻子吗?梦见了你的儿子吗?在这么深的夜里,月光静泻,风儿没有起,狗儿没有咬,你的妻子打着灯笼正站在竹园边上,你的儿子,蹑手蹑脚进了竹园,竹叶上的露珠滑下来,落在他的头上,他穿着一身雪白的衣服,像一个幽灵,往竹丛里走。立即,无数的黑点溅满了他的全身,他快活地大叫,你的妻子就跑来,用一只玻璃杯子,对着那白衣上的黑点一罩,黑点便弹进去,一只黄蛉就捉在儿子手中拎着的土瓷罐里了。

他们捉了好多好多的黄蛉,母子围着土瓷罐,就听着那啾啾的生命之歌。

妻子说:"这歌子是唱给你爸爸的,这歌子在召唤着你的爸爸。"

于是,在你的脖子下,在你的耳膜下,啾啾的声音叫得更响了,更清了,你听见了这爱情的召唤,这家庭的召唤。

第二天早上,你爬起来,背起帆布做成的偌大的地质包,你又去找金子了,你依稀还记得夜里的梦,说:"是的,我是要回去的,要回去就得加紧我的工作!"

写于一九八四年二月二十一日早

关于《九叶树》的通信

丁帆同志：

刚刚从北京开完《十月》杂志社举办的我近作的讨论会，一到家就看到你的来信，心里很高兴。这一段时间里，收到你三封这般长的信了，第一封信你是谈《小月前本》的，第二封信你是谈《鸡窝洼的人家》的，因为许多家事所累，没有复信好好和你谈谈，心里总觉得欠了点什么。这次你又针对《九叶树》谈了许多问题，我不得不急急忙忙写这封信了。但无论及时回信或未能及时回信，我是极珍视着你信中的看法和观点的。说长道短，完全以作品实际出发，开诚布公地进行探讨。从这一点上说，我们已经不仅仅是作家和评论家的交往了，而这种朋友式的兄弟式的如同坐在我的书房一边喝茶一边闲聊式的交谈，就更自然些，真实些。现在有一种以通讯的形式发表评论文章，这当然很好，但其中却常常看出仍有一种评论架子。所以这几年里，与一些评论家交往，我得益最大的，与其说读那些正儿八经的大块理论文章，倒不如读来信中的只言片语的看法和观点，更能顿开茅塞。作家并不是希望评论家一味地说好，因为世上是没有十全十美的东西。愈是有个性的东西便愈是长处和短处一样地明显，而只听好话不悦坏说的作家可能就不会是个好的作家。这些话，你听了或许觉得好笑，但确实是我的美好愿望。我之所以珍视你的每次来信，就是想从其中真正学到一些东西。我是一个很幼稚的人，文学路上步履艰难，那些虽不系统但有见地的说长道短于我是太渴求了。

你瞧我，又拉扯到什么地方去了，还是针对你的来信谈吧。你的这封三千字的长信中，似乎没有谈到有关文坛上的一些问题的思考和读书过程中的一些体会，几乎全在谈《九叶树》了。《九叶树》发表以后，我在静心地等待着各种反应，现也收到许多读者来信和一些朋友的意见，他们都给了热情鼓励。但我是很清醒的，这部中篇以我的感觉而论，它还没有尽我的意。起码后半部分节奏未能保持住，笔触也太急促了。这是我近期描写商州生活的一系列中篇中的一个，构思时，是很冲动的，也有许多想法，但苦于笔力不逮。作品越写越难，越来越觉得对生活的认识上，选材的角度上，人物的体验以及表现的形式上，自己懂得的和积累的知识是太少了，往往读到别人的作品，就自惭形秽，就想将自己的作品全部化为纸浆，甚至产生了另起笔名、重新写作的念头。

不瞒你说，我是时时在琢磨着我自己。我知道我有一个很大的弱点，就是敏感和胆怯。这种秉性自然带进我的创作。我在商州体验生活的时期，新的生活的丰富性使我感到震惊，但其复杂性也使我眩晕。现代的时代是变革的时代，好多事情需要我们去写。当然，作家的任务不仅仅是写出当前农村这种形势是好还是坏这样一个主题，重要的是写出这个大背景下人的变化。面对着这个大千世界和大千世界上人的心声，一个作家应该要整个地加以把握。如何整体把握而不沦于就事论事，我觉得应从历史上甚至世界的角度来加以俯视。而落笔下来，又要落到最本质性的也是最真实、最能引起当今农民关注的问题上。也以此，这一系列的描写商州的作品中，我总是从对待土地的观念上，对待传统道德的观念上入手的，想从各个方面探讨农民的心理结构的变化。我是不大同意有些人说的农村题材的小说应该如何如何地写，人物应该如何如何地塑造。农村的这场变革，严格地说，还正在进行，一切还未有定规，而未有定规的形势下硬定规出人物，那只能导致产生新的框式，落入新的俗套。但有一点必然肯定的是，作为一个作家必须满腔热忱地及时地反映出这个时代的农民。要写出农村在这场变革中的动态，更要写出农村的动态正是这场变革的必然的基因。

在这一系列作品发表后,有的朋友和我打趣说:你尽写了一伙好人。我也笑着说,是的,都是好人。《小月前本》中的门门、小月、才才是好人,《鸡窝洼的人家》中的回回、禾禾、烟峰、麦绒也是好人,《腊月·正月》中的韩玄子、王才亦都是好人,《九叶树》中的石根、兰兰又都是好人。正因为都是好人,他们在目前的变革中发生了微妙的变化,也正是这种微妙的变化才构成了当今农村最丰富的内容。因为我写的都是社会最基层的小人物,他们的性格就是在这种微妙的差异中形成和发展,如果将他们搞成漫画式的相声式的强烈的黑白反差,那是不符合他们的生活真实的。所以,我表现出来的他们就是好人的形象,或是好坏人的形象。在具体描写的过程中,我喜欢用以坏人来写好人,以好人来写坏人的办法,目的只有一个,使所写的人更具真实。

我是否又说得远而玄了?因为我不想具体地针对我的作品来谈。作品问世后,就不是以我说而论定的了,读者可以任意去评说它。我的任务只是把它创作出来而进一步地总结经验教训去创作下一个作品。

在写法上,你已经看出来了,我是在翻来覆去地变动着。也可以说,在不停地试验着。因为我极不成熟,我得寻找出一套适应我的写法。但这也十分之难啊!商州是一块极丰富的地方,它偏僻却古老,清秀又粗犷,文明与野蛮,进步与保守,发达与落后，在这里有其斑斓的色彩。而我这一系列作品又大都是这个地区的政治、社会、经济的近乎实录性的东西，所以在具体描绘上，就得同时相应地寻出其表现方式和语言结构。为完成这项工作，也真苦恼了我许多时间，至今还没有很得心应手的法宝，其表现出来的生涩你一定已感觉到了。

唉，丁帆，近年来我的心绪总是处于矛盾之中，一阵儿很自信，一阵儿很自卑。我现在才意识到，一个人，尤其要做一个作家，在战胜这个生存的世界的同时，更要首先战胜自己。

好了，桌子上就这几张信纸，我也写完了，拉拉杂杂提笔就写，恐怕是满纸胡言了。盼你多来信，我很想听听你对我的小长篇《商州》（《文学家》一九八四年第五期）和小中篇《天狗》（《十月》一九八五年第二期）的意见啊！

致礼！

贾平凹

一九八四年八月二十七日

附：丁帆来信

平凹同志：

你好！来信和寄来的书籍均已收到，迟复为歉。

《钟山》编辑部寄来了第四期"小说专号"，我便一口气读完了你的中篇新作《九叶树》。读毕，我把它与《腊月·正月》相比较，似乎悟出点你的良苦用心。这篇东西与你其他几篇作品所不同的是，你提出了一个更新的命题，不仅仅囿于书写在新旧思想搏击中成长着的新一代和衰亡着的老一代。如果说我的判断尚不离谱的话，你是想通过两个青年男女对新生活的不同态度来揭示人生的真谛，从而把真的、善的、美的东西植根在人们的心灵之中。

无疑，兰兰和石根都是新生活和美好理想的追求者，然而，他们心灵的历程是迥异的。石根是脚踏实地去追逐自己的理想，他凭着自己的勤劳、机灵去改造生活，改变山区的穷困面貌，最终改善自己的生活处境。他是新时代的青年，与老一代农民所不同的是，他没有狭隘的小农意识。他的眼界更开阔，他联合山民们走共同富裕的道路，雄心勃勃。他懂得只有在经济上得到发展，才会有精神文明的满足。他懂得物质的享受，也懂得精神上的需求，他有极强的自尊感，这种自尊感时时成为他改造山区的动力。但他更懂得热爱自己的故土，不忘自己是山地人！只有身陷逆境，而又有强大自信力去改变它的人，才能算是生活的强者。与老一辈农民厮守故土，拒绝接受新思想不同，他是立足于本土，开阔眼界，积极进取的新型农民形象。他具有英雄的气魄，具有企业家的风度。他能把山民们团结起来，甩掉几千年封建思想的桎梏，把山乡改造成为一个美丽的旅游风景区。当然仅仅具有气魄和风度是远远不够的，更重要的是，在他的血管里到底还流淌着我们民族的血液，能耐劳苦、义气豪爽、忍辱负重，构成了他性格的基本特征。他不妄想天上掉下来的幸福，凭着自己的智慧和双手去创造新生活。为了筹办资金，他不畏劳苦，上山下乡采办货物，在寒冬雪地里捕猎。他义气豪爽，并不只表现在他和罗子的大碗喝酒、大块吃肉、大声栽方上；也不仅仅是表现为把自己血汗挣来的钱作为发展企业的基金，以及有福同享的朴素的阶级感情的流露上。可贵的是，他有一颗金子般的心，为集体事业而献身的豪放气概，这正是我们民族的精华，也正是我们这个时代的"民族脊梁"。于此，我们似乎看到了朱老忠式的农民英雄的气概。他的忍辱负重不单纯是为背叛自己的恋人的父亲罗子摔"孝子盆"，也不仅仅是他原谅了失身于他人的兰兰，如果做更进一步的思考，这一切都是为着什么呢？显然，为了使山区跟上现代化生活的节奏，为了消除世俗偏见，粉碎卖醪糟女人的戏谑，在精神上战胜时代和社会给予的压力，为山地人争口气，他愿付出最珍贵的代价，甘愿背负沉重的十字架。当然，从另一个角度来看，他有更新的思想，不像罗子那样的老一代农民注重旧有的道德规范，恪守守身如玉的古训，甚至为死板的道德礼教而殉身。也许他只认为这仅仅是一念之差的错误而已，新的道德观应该首先建立在人的自身觉悟上。但是，无论从哪方面来看，石根的这一举动，完全是从事业的大局出发，作者为我们提供的形象内涵首先应是一个为事业而奋斗的殉道者。你说是吗？

兰兰是一个盲目追求新生活幻影的姑娘，她并没有真正去认识生活，只看到生活中那些虚幻的色彩，而辨不清伪装色，从而在生活的歧路上滑行堕落。她的致命弱点就在于缺乏自信力，不相信能以自己的力量改变山区贫困的面貌，她想成为"城里人"，靠的是别人的施舍（包括精神的施舍），当石根发奋改变穷貌时，她却以为"咱到底争不了这口气呵"。她只是追求物质上的"城市化"，模仿城里人的时髦，以为城里人的气派、风度便是精神上的需求，而缺乏一种实实在在的精神支柱——为理想而努力工作的信心。她追逐虚荣，为了穿高领毛衣赶时髦而宁愿挨冻；与何文清在一起觉得体面，似乎在"心理上得到了一个青春少女的一种自己也常常莫名其妙的满足"。正是这种隐患，最后酿成了她的失足，失去了"一个纯洁的人格"。诚然，当新生活的浪潮冲击到这个偏僻的山村时，必然会涌进许多思想的泡沫和渣滓。那何文清不就是带着清秀的笑靥和潇洒的风度踏进九叶树的领地的吗？但不正是他，又用这可怕的微笑占有了一个处女的珍宝，玷污了一个纯洁的灵魂吗？沉思凝想，这仅仅归咎于这时代浪潮里夹杂着的泥沙吗？仅仅能归咎于兰兰的年轻浅薄吗？如果我们面对纷呈的生活缺乏自身的识别能力，不加分析地去拥抱生活的一切，没有克制迷人生活诱惑的力量，那么，终究要被生活的大潮所淘汰，也就不能掌握自身命运的风帆。正如石根所想的那样,好日子使兰兰开了眼界,外界的迷惑却使她轻贱了自己的人格。正因为兰兰缺乏独立的人格,没有主见,才受到了生活的惩罚。

总而言之,这两个人物的性格历史告诉我们怎样去认识生活。这样的立意似乎比你其他几个中篇又进了一步,那些作品表现的是新旧思想的冲突,甚至新旧人物性格差异的冲突。而这部作品只是在对待新思潮、新生活的共同世界里来展示两个新人物内心世界既微妙又复杂的变化,力图达到净化人们灵魂的创作目的,从这个意义上来说,你的主题是在不断开拓的。

作为一个有卓见的作家,是需要具备几副手笔的功夫的,这样才能使自己的作品常写常新,立于不败之地。读了你的《九叶树》,我觉得一股清新之气扑面而来,尤其那种散文诗一样的笔法使人陶醉于一种空灵的境界,从中可以窥见你深得中国古典文学之熏陶,也可以看出你前一段时期进行散文创作的收益。这部作品与《小月前本》和《鸡窝洼的人家》不同,后者是醇厚凝重、粗犷奔放,表现出一种山势的峻峭深沉;而前者却是清新隽永、秀气纤柔,似乎和你第一阶段创作的某些手法相近。《小月前本》和《鸡窝洼的人家》注重人物的写实性,个性非常突出;而《九叶树》似乎偏向于人物的写意,人物的性格有许多是在言外、象外,更耐人咀嚼,其画面更富有诗意。例如,当罗子伯和兰兰第一次和石根谈及婚事的那个夜晚,在失望的心境下,石根走山路的那段描写真令人叹服。天上的月亮和水中的月亮与石根的幻觉，恰到好处地辉映出了他沮丧的心情；而他清醒后所看见的明月、星斗、白霜、山影，以及听到的鸡鸣，恰好又构成了一幅"山高月小、夜阑人静"的山月画卷。从美学意义上来说，这不仅给人以净化的美感，而且又与人物的心境相吻合，从而使人联想到更深一层意义上的作品意境。大概这正是你所说的，把诗、散文、小说融为一体的写法吧？这种写法似乎更具有浪漫主义的性质，但从总体结构上来看，这样的作品仍不失以现实主义为主体的写法。当然，这种创作手法亦有许多作家在尝试，而你更具有自己的特点，希望你能在不断的探索中取得长足的进展。

我觉得你在追求空灵意境的同时，似乎还有些地方欠考虑。例如你在写石根捕杀那头香獐子的时候，香獐子"用蹄爪弄破了自己的麝囊，将那最珍贵的，也是猎人因此才捕猎的东西掏光扬撒得一干二净"，显而易见，这里的象征意义是不言而喻的，它象征着石根和兰兰的爱情被玷污。这种"罕事"，我没有这方面的经验和常识，但作为艺术的象征，一则是太雕琢，二则是带有明显的宿命神秘色彩，是游离于性格之外的附加物，至少它不能给人以美的陶冶。你以为如何呢？

来信谈及你对近年来的创作"喜而不惊、恶而不怒"，这种严谨的创作态度是值得赞扬的。是的，只是足踏实地地进行创作，让自己的创作实践去赢得广大读者，这才是大度者的风范。你准备二下商州、三下商州，根植于自己的生活基地，才会用敏锐的艺术触角去发现生活，提炼生活，创作出惊世骇俗的作品来。

你以《商州初录》为创作的新的起点，继而，"井喷"似的写了一系列惹人注目的新作，读后确实令人欣喜。愿你笔力不竭，常写常新！

即颂

撰安

丁帆

一九八四年八月二十三日于扬州

读《睡狮》

——给孔捷生

大兄：

十二月三日的信及杂志收到。一展读，上曰："《睡狮》一文中有一段提及了你，自然开了个玩笑，你大人大量，一笑置之。这篇东西是鄙人自我嘲弄，以及对整个民族的玩笑，非系指你我。"啊呀，你这个鬼精灵竟白纸黑字要耍我了！当下坐读，读读笑笑，当然皆未出声，是笑纹在脸上纵横。笑着笑着，笑到最后，虽然还是笑着，但我感觉笑纹僵死在肉皮上，已十分地丑陋了。说真的，你的文章又一次使我阴差阳错起来。我喊浅浅，我女儿的名字，今天爸爸什么也做不成了，你就在桌子上学画画吧。浅浅说，爸爸又是看了什么人的文章了？是的，那个到咱家来过的孔捷生！对兄好生一腔嫉妒呢。瞧瞧，非但不怨不怪，反倒阿弥陀佛了。

人情练达即文章,你是做到了;信笔写来,看似胡乱说,骨里却尽有分数,这是多么令我企羡的风度啊!天涯海角的你,怎么也有这种幽默?不露声色,蔫驴似的,大冷,折磨得我忍不住不笑,笑却不能大笑,似笑非笑,哭笑难分。我整天谋算怎样把外来的手法和民族传统的手法化合归一,你使我大有启发。

真逗,一个长睡不醒的青铜狮子,一群雷州某地的流浪男子,一场笑话,使整个民族在那个年月里突凸的劣性哗啦啦一股脑儿地抖出来了。红的,黄的,蓝的,黑的,你是在六月六的油盆一样的红日头下暴晒箱底的存货吗?这不是一种自贱,揭己隐私,已己隐私,世上最勇敢的应该是自嘲,真乃人的成熟体现啊!

中国的大陆,黄土深厚,中国的历史漫长悠久,一件所谓的国宝,埋藏了那么长时间,又在那个荒唐的年代里,民间传来存去,到头来竟是一钱不值的清末的一个烂铜做成的睡了的狮子!这是一场什么样的悲剧?悲剧的产生能说不是来自那个年代吗?又能说不是来自那个民性的本身吗?

好了,你把这一切都和盘端出。读罢,突然醒悟了这点,又突然醒悟了那点,你的文章越写越不能用一两个字概括主题了,但却全然被你摄了魂去,鬼迷了。或许有人要愤愤然了:姓孔的,现在是什么时候了,国之上下一片改革热潮,难道狮子还在睡吗?先生的好心是可见的,但先生若能再看一遍,便觉得你这个文章对于这个年月,极宜。试想:振兴中华,仅仅是更换一些设备,仅仅是获得一些利润吗?有吃有穿,国强民富这是急需的,必需的,但一个民族的真正振兴,赖以基本的应该首先是振兴民族的素质,素质提高,自尊自信方能自立自强。就说我们西安吧,这几年好热闹,游人蜂至,可谓天下闻名,闻名的则是古的文物。外国人、外地人咋舌惊叹,土著人也翘指得意,且不说清末景泰蓝那一类没落的小巧精细的玩意儿,单就是秦砖汉瓦,先人雄哉伟哉,而后辈就以此吃喝吗?若不扪心自问,阿Q的遗风不消,改革能彻底地成功吗?要征服这个世界,更要征服面对这个世界的人的本身啊!

你写了南国的雷州,我写了北方的商州,我们分别发现了各处的许多妙处和不那么美妙之处。你要我到广州做一次旅游,我是极需要去了,去走走看看,再猛回头来看我们的商州,那是会穷极物理的。你是来过西安,但还是仓促,未能看到更多的东西,盼你再来,我还可以领你再去看看成周兴王的雍州的厚拙古朴、饰有饕餮的青铜器和西安骆驼牌的搪瓷制品厂,去看看秦嬴创霸的临潼的鎏金骏马和渭北秦川牛配种试验站,然后你可依你在广州、深圳的所见所闻,三者比较研究,做一番感想,你怕又会有一篇绝妙的文字了。

如果你那个睡狮的绢画还在悬挂,你北上时可捎来也让我挂挂,你说:"画中莫非是我自己?"我也要说:"画中莫非是我自己?"

　　致礼!

贾平凹

一九八四年十二月二十日

寄蔡翔书

蔡翔同志：

　　月初在南京的授奖会上，阿城和何立伟约我一块走上海，说是会会你们，交谈创作上的一些问题。我是极想去的，大上海是什么样儿，我还未去过，更是大上海的你们那批中青年文学理论家，近年来的文论颇新鲜而有见地，每见到就渴读，能见一面促膝侃谈那才真好。无奈我却因家事烦扰，急需赶回，故已到上海门口又转身回去了。读你的来信，得知你们谈得十分投机，令我羡慕，尤其涉及文学与文化的关系，使我大生兴趣，却不知你们是怎么谈的。你说："文学与文化的关系过去所谈甚少，一直未被大家注意。在这方面走在比较前面的，大家都认为你近年的创作似乎有意识于此进行了探索。我们《上海文学》理论版想为此搞一个'青年作家与文化'的专栏，阿城已同意，我们想请你也给我们写一篇。"我好惶恐，不知这文章如何来做，勉强写这封信，交差了事吧。

以小子之见，世界各地区的文学，都是有其发展规律的，无论西欧的，还是拉丁美洲的，各是各的路子。中国是一个文明古国，文化方面是深厚强大的。去过东北，参观满族人当时的建筑和文学绘画方面的展览，你就会深深体会到，满族人在未统治整个中国之前，是有自己独立的东西，虽然后来统治了全中国，却最后落得没了自己的文化，连文字也消失了。最能代表中国的汉民族文学，是大大不同于拉丁美洲文学的。拉美文学是没有自己的根的，所以它长期在西欧文学后边跑，之所以后来成为爆炸文学，也仅是在模仿中慢慢发现和形成了自己。中国的文学是有中国文化的根的，如果走拉美文学的道路，那会"欲速则不达"。我不是反对对外来文学的吸收，反过来则强调大量的无拘无束的吸收，压根用不着担心和惊慌，这叫中国文化的自信。这种自信，或许也有人称之为惰性，无论如何讲，都说明一个问题：中国文化是源远流长、根深蒂固的。

面对着这种现象，如果一味自大、保守，在当今世界文坛面前，将得到的是一种蠢笨得可怜、可笑的印象。但无视这种现象，痴呆呆盯着洋文，那起码是缺乏战略眼光，不是从质上得到变法的实数，仅仅获得的只是一种浅薄的，从外部形状上做的小小变动而已。前一个时期，对于所谓"意识流小说""朦胧诗"

的争论，热闹是热闹，但并未抓住根本，故愈争愈糊涂。可以不可以说，中国文化的积淀，是以此形成了中国国民的精神，而推广之扩大之，渗透于这个民族的性格上、政治上、经济上。远在李鸿章时期，国内腐败，屡受外来欺辱，此人也不是曾购买洋枪洋炮吗？但白花花的银子买了洋枪洋炮，末了依然不是有中日之战的惨败吗？这一事实说明，一切变革，首要的是民族性格的变革，也就是不能不关注到这个民族的文化基因。鲁迅先生的《阿Q正传》《药》等系列小说，其深刻也正在于此。毛泽东同志就曾说过：中国革命的胜利，是马克思列宁主义同中国革命实践相结合的产物。如今我们建设四个现代化，邓小平同志不又是提出"中国特色"四个字吗？问题正说明了这个民族是有其强大的文化积淀所形成的民族性的特点的，它不仅仅是长期以来那种研究问题总是单单从政治上、经济上做考察的方法。反过来，面对中国文学正一浪高一浪地欢呼成熟的局面时，我们不能不注意到中国文化这一点上了。

那么，中国文化到底是些什么？又是如何形成的呢？也就是说，多少年来，文学界一会儿有人提出向外开放，一会儿有人提出要继承民族传统，什么是民族的传统，民族文化浸润、培养的民族传统的精神内容是什么，靠什么构成？我觉得，首先要从哲学的角度来抓。中国的古典哲学，有三种：儒、佛、道。而儒又是一直被封建王朝尊为政权的灵魂支柱，佛、道两家则为在野哲学。在这三种主要哲学体系的制约和影响下，中国古典文学便出现了各自的流派和风格，产生了独特的中国诗的形式、书画的形式、戏曲的形式。如果能深入地、详细地把中国的五言、七言诗同外国的诗做一比较，把中国的画同外国的油画做一比较，把中国的戏曲同外国的话剧做一比较，足可以看出中国民族的心理结构、风俗习尚、对于整个世界的把握的方法和角度，了解到这个民族不同于别的民族之处。如果能进一步到民间去，从山川河流、节气时令、婚娶丧嫁、庆生送终、饮食起用、山歌俗俚、五行八卦、巫神奠祀、美术舞蹈等等等等做一考察，获得的印象将更是丰富和深刻。事情都是相辅相成的，这种文化培养了民族的性格，民族的性格又反过来制约和扩张了这种文化。

既然中国民族是这样的民族，文化是这样的文化，目下如何发展中国的文学？应该注意当前的社会改革、时代的潮流，是怎样在冲击着这种文化，文化的内部结构是怎样引起了微妙的变化，而这种变化，又是怎样反作用于社会生活的。这样，文学作品就能深入地准确地抓住作为人的最根本的东西，作品的精髓和情调就只能是中国味、民族气派的，而适应内容的形式也就必然是中国味、民族气派的。这一点，可以从日本作家川端康成身上得到启示和借鉴。川端正是深入地研究和掌握了日本民族的东西，又着眼考察和体验了当时日本社会的变革，因而他的作品初看是日本性的，细品却是极现代的，不管他借用了任何西方的创作手法，那手法无不重新渗透着日本民族的精神，到头来，川端仍是东方的，日本的，而因此才赢得了世界的声誉。有哲人说：鸟学人语，学得再好，毕竟还是鸟性；人学鸟语，学得再好，也毕竟还是人性。

　　我们现在的文学需要成熟，每一个作家在严峻的考验面前，却进行着新的思考，做新的试验和探索。有的勇敢地向外学习，但往往不注重中国文化积淀的研究，结果免不了出现从里到外皆化合不够的生硬。出现了这种生硬，有的人亦同样不从民族文化的因素上思考，偏退后一步，拒绝吸收外来东西，那情形就更糟了。如今谈论文学与文化关系的人多了，这现象实在令人兴奋！我虽然这几年在这方面多少有点留神，但遗憾的是知识太浅薄了，理论上又几乎等于零，只仅仅凭借了一种感觉办事。我曾惊叹过三十年代的作家，深感到他们的了不起，后来越是学习他们的作品，越觉得他们都是从两个方面来修养自己的，一方面他们的古典文学水平极高，一方面又都精通西方的东西。这样就避免了我们现在的作家在没有完全掌握民族的东西之后吸收外来东西，就出现了作品外形花哨而乏之底蕴、奇异而乏之浑厚的弊病。现在是到我们意识补课的时候了。

　　蔡翔同志，你瞧我这信写得多么蹩脚，我实在说不清其中的道理，自己的一些感觉寻不出词来表达，一些字眼胡乱写下，已经使你嗤之以鼻了吧？这也正暴露了我的浅薄。我极想听听你们理论家的高见,听听阿城的、何立伟的见解。如果可能的话,你们可让王蒙、邓友梅、陆文夫、李佗、建功、少功、万隆、杭育他们也谈谈见解,那就大好,那可使我更获得丰富、清晰的认识。我以上的看法,只是一时所想,万望你多教正吧。

致礼!

贾平凹

一九八五年四月二十七日

一封荒唐信

××兄,收到你的信是上个月的事,时时想给你回复,却不知道如何写起。你说了那么多好话,这我当然会引起高兴的;但说实情,这暂短的高兴之后,一个人静静地坐在窗下,隔竹帘看着对面楼下那一位已半老徐娘又风姿犹存的女人所经营的花坛(这女人,听说是一位地位颇高的领导的夫人,经常有一辆上海牌的卧车在花坛边停着),那花虽开得很红火,但开得又有什么用处呢?我这样说,会不会惹起你的生气?我的意思希望能得到你的谅解,以后不要说我的小说怎样,散文怎样,诗歌怎样,多泼泼凉水最好。

不妨这样说,在我的胸中常常涌动着要写的欲望,这欲望如同要吃饭一样,要恋爱一样,要喝酒吃辣子抽烟一样。作品的质量高不高,当然作者不必妄说,"自我感觉良好",这很是一种干事业的气魄,但往往却要导致一种悲惨。我自知很"小",于人道、文道大不通,这种欲望付之于方格纸上,免不得有"以作品丰富自悦"的嫌疑,这实在有天大的冤情和求告无青天大老爷做主的愤怒。作品的产生,全是这个涌动的欲望的释放结果。有了爱情,便要为所爱的人受孕,大肚子,生产,自爱自受。它不是痛苦的,而是一种宗教式的幸福。若以作品丰富求自悦、去著作,做人何必那么傻那么累呢?夜晚了,陪同小爱人去遛遛大街,也于路边的小树林子的黑暗中学学那些情人,你浪漫,我浪漫,咱们都浪漫,那日子才是十二分快活。总之,写书于我,是作用于社会,作用于时代,也同时是为了我自己的受用!鸡有蛋在肚子里,你能不让它生下来吗?报纸上常举"曹雪芹二十年磨成《红楼梦》"的例子,似乎每一个作品都得十年几十年就可以做曹雪芹了,半年或者一年做出一篇小东西出来,就必是创作态度的"严肃"。这未免与辩证法有了一点距离。

我是写了好多小说、散文、诗歌的,那当然都是些屁样的文字。作家的帽子好赖是戴了一顶,却戴得面红耳赤,常常觉得在大街上走,身后有指指点点的指头,墙角处有白多黑少的眼睛。但我还要继续写下去,且又有一个不大不小的决心:一想继续写商州那一块野山野地,二想写到那泾河和渭河上的,也就是那泾渭分明的岸边,那黄土高原和关中平原交接的厚土上的古风古俗,三想再写写西安古城方方正正"井"字形的街巷里的市民。姑且不论还要再写写别的，仅这三个方面，我想足可以令我了结往后的三十年、四十年的写作日子。话说回来，如果今辈子不是玩笔头子，让我不上大学，不识方块字，只认得出人民币的数目，我的庄稼活一定不会比村人差。五黄六月的胡基壕里，让老婆提一瓦罐清花泉水来喝了，她供土，我擂础子，其速度和质量使邻居的老头很有些小嫉妒。或者让我去干一名弹棉花的，这营生很有些艺术的味，一张大弓背在身上，用棒槌弹得大弦嘈嘈，小弦铮铮；接过一碗饭蹲在房阶上吃了，夜里睡在主人的门道里，久久地看着主人的媳妇在堂屋窗上的剪影，而含笑入睡。乡下的这种有手艺和没手艺的活计，都极合我的心境，也因此常常使我想起现在弄文学是不是有些那个！门第里既然没有书香，幼时更记不得有祖母或外祖母曾讲过天上地下的美丽故事，这有先天性的不足。且现在的作家颇有一种理论，要见识很多大世面，要接触很多大人物，这又格格不入我的性格。一位读者完全出于一种好心劝我，说我不识时务，写小说应该写那些难以言表的高雅女子死死活活地恋爱着一个有权有钱的年迈老头子等等之类的故事。我给他回了信，信写得很长，告诉说，这类故事的确不错，蛮可以惹起那些四十、五十、六十岁的性变态的男人和那些情窦初开、其想象和身子都成熟得如七月的桑葚一样碰之就流紫水的少女的动心，但我不会。说来也令你贱看，我甚至看到了一篇小说，是说一个女人最大的不幸是因为穿了一件她不愿意穿的衣服，我先是大惑不解，继而抛开那文章，说"这小说不是让咱看的"。过后也曾检点我自己，反省我是一个山里人，有着小农经济的思想。但无论如何，这种德行浸得很深沉，我读不懂那类小说。置身于很热闹的地方，面对着那高扬着头端端走过来的风度女子，我就赶忙低了眼，侧身让她过去。我自惭形秽，显得很呆，觉得很累，就想起那充满浆水菜味的乡间土屋里，那些满身臭汗的男人和男人的婆娘，能抽一口那呛得咳嗽的草烟多好！

商州的山地很野，随处可见到峭岩上凿石孔、栽石柱的栈道遗痕，和做土匪的与受土匪害的逃生安身的山寨古堡、石洞地穴。泾渭的黄土很古，十三个封建王朝的真龙天子、王后娘娘、文臣武将，陵墓一个连着一个。老牛木犁在田里耕走，翻上来的，常常是商朝的磬，周朝的樽，秦砖汉瓦。这两个地方，奇特的山水形成了奇特的风尚，色彩拙朴，神秘莫测。文化的积淀使那里的强悍的男人和柔媚的女人，以及与人同生的狼虫虎豹、飞隼走兔，结构着这两个地方的世界。这世界的芸芸众生如蚂蚁一样多，为衣食住行忙碌着，争斗着，死去一批，新生一批，生命之力，繁殖之强，举世罕见。作为他们的作家，首先应该是他们其中的一个，同他们一样；再就是因为是他们的作家，又不能同他们一样。他们的苦，苦在何处，是外界的还是自身的？他们的乐，乐在哪里，是应该乐还是不应该乐？弄得清楚，这就是我的责任。我的责任是为了他们，也是为了我自己。我的作品或许他们读了，让他们在明白这个世界的同时也明白他们自己；或许他们从来就不读书,斗大的字他们只装了几篓,那些闹市里的好吃好喝又有好时光的大肚子男人和束腰身的女人看了,他们虽然嘲笑我写的东西的落后、野蛮、卑俗和写东西的我的蠢笨、可怜,但我将无限欣慰,因为他们毕竟知道了在他们之外,还有那么落后、野蛮、卑俗的地方和人群。他们或许会到这些地方去,趁机用几张人民币买得农家厕所墙角堆放的几件汉代陶罐和瓦当,买一条金黄的狐狸皮毛,赚一幅七色线纳就的枕顶装在玻璃柜里悬挂墙上,诚然,这也是一种新的高雅的时兴。

现在做一个作家似乎很热闹,每年都有许许多多的笔会,游胜地,上电视,演说和吃请,且各地又兴起文学茶座,听音乐,嗑瓜子,品茶谈天。每一次不乏有一些很位重的人物和一些打扮得很美丽的女人。有一次我被人拉去,那大厅的门柱上贴有一副对联,是老对联改造的,一边为"出入无白丁",一边是"谈笑皆高雅"。我怯怯地进去,呆在那里,茫然四顾,傻相可笑。后来跳舞,有几个令人动心的演员,传说是诗琴书画俱佳的女才子,邀我下池,我大出洋相,一再声明极想下池子但着实不会。结果是我的朋友大加嘲弄我,说我不开化,又帮助分析原因是"心理上有障碍"。不开化,我不承认,我是绝不干涉别人自由的。我也可以同这些人交朋友,彬彬有礼地请到舍下去吃饭吃酒,但那种场合那种气氛,我着实有心理上的障碍,这也正是我的没出息和当作家的低能处。

话不能说死,或许有一日,我心理上的障碍尽然消除,那将是我再也用不着以老笔调去写出商州山地和泾渭岸上皇天后土之时。那,我第一个能狂,如一头有一身好皮毛和奇香的香獐子一样。

一九八五年七月十一日早

致友人

××兄：

好！

因我出外一月，回来才收到您的信。长时间虽未通信，而我依旧注视您的文迹，读了许多大作，颇有启示。上海一群批评家，文章很犀利，又各有特色，皆不人云亦云。也读过吴亮几篇短文，很是为其兴奋。台湾有姓龙的，读其文，就难令人忘记作者。您的感觉好，这是批评家一般所缺乏的。今办《上海文论》（指《文学角》），"文论"二字，最宜你们之格趣。您说要我曾让您看的那本"读书笔记"，我想，那仅是上大学时或才毕业后的随笔，毕竟浅薄，还是不发的好。昨夜读林语堂一本书，上有一节为"写作艺术"，其中一些观点，极是畅美，读之则不能忘。我觉得，当今的创作和评论，最好都不必长，写小文不一定是小家。无论什么派系，关键看其作品之境界大小，底蕴深浅如何。创作实在是没有什么技巧，而只有个性。当今人多谈文体，文体也不是强为，也是个性的表现，个性表现的需要。这也正是形式即内容一说的根源吧。创作同评论一样，都需要有天才，需要有生活。中国的文论传统是片言只语，但总体把握如能渗入西方那些东西，才可能站住脚，出大家。您注意到没有，看中国戏曲中的那些做功戏，有没有当今先锋派作家作品的味道呢？当今文坛，热闹的都是怪才，大才没有真正出现，或出现还未成熟，正都在劳其心志。请您多注意那些不露声色的孤独之人，看人首先看出其人的风格来。

　　颂
大安！

贾平凹

一九八七年十二月二日午

时代呼唤大境界的作品

——致北村同志

北村同志：

来信收到，贵刊开辟《选择：建立中华民族新文学讨论》栏目，实在是高明之见解，我相信文坛会以极大的热情关注这场讨论的。您的诚挚鼓励和约稿，我似乎也想说几句。但作家毕竟不是理论家，我的想法往往是支离破碎的。

眼下，我已经被我的一部长篇困住，写了好久时间了，但仍需要大改动。在我写作的过程中，我老琢磨这么一些问题：怎样写出些真正的文学作品？现文坛上似乎热劲在减，恐怕不是"江郎才尽"，而是作家真正在反思。"置之死地而后生"，是不是严肃的作家们都到了这个境地？回想新时期文学历史，我们不可妄说取得如何成就，严格讲是做了两件大事：一、文学冲破了禁区；二、文学在努力打通思维。但是，文学在冲破禁区，还不是文学上的事，而打通思维，仅还在一种试验，带有极大的盲目性。以前我们为一些作品叫好，现在看来未免是一种浅薄了。现在，重新提出"建立"，是需要一种大境界的作品出现，大气的作品出现。这一类作品是不能离开本民族的主河道的，但却不同于一直固守那种河道的做法，它的无技巧，应是大技巧，它的回归应在反动之后。成功者，将是学过现代派的又反过来珍视民族东西的人，倒不是一味的现代派，或一味的民族派。作品不是哲学手册，也不应是哲理的衍义，但作品没有哲学意味则不行，人物应该是丰富的，人物更应是符号的。作品也不是历史评价书，感情的力量亦应强化。一部《阿Q正传》我已经读过许多遍了，鲁迅先生的那一套创作思维法给我的启示太大了，我醒悟到了些东西，难的是我老在实践中表现不如意，这也就是手中的这部长篇迟迟不能脱稿的原因。我几乎要沉不住气了，但我一次次离开书案，又一次次回到书案。目下文学之外的东西正破坏文学，我是到了真正需要寂寞的时候了。

　　我想在我写完这部作品之后再多说些吧，也许那时倒好说的。所以，求你们能原谅。

　　致礼！

贾平凹

一九八八年二月六日

瞎摸索与新局面

——关于散文创作的通信

范培松先生：

好！苏州一别，恍惚半载，先生的音容笑貌却异常清晰。有幸结识先生，愿友情长存，愿先生多赐教啊！

先生的散文评论影响很大，已是权威人士，能得到先生一片言语，那是习作散文的人的企盼。近期以来，我的散文有些改变，亦不同以前的作品，我想在散文中写社会，写时代，拓宽一下题材范围，用笔硬一些，也幽默一些，这便是你看到的《闲人》，以及《人民文学》今年第五期上的那个《笑口常开》（《读者文摘》已转），以及去年在《文汇报》上的《人病》（被数家报刊转载）、《随笔》上的《弈人》（也被数家转过）等。先生如有兴趣和时间，愿意集中看看，谈谈这种变化的长与短，给予指导，那将太让我激动了。

有空来信。

致礼!

贾平凹

一九八九年十月二十八日

附：范培松来信

平凹兄：

大札仰悉。

你的近作我已再三拜读。我越来越相信，散文园地出了你，就别想再太平了。

我还记忆犹新，在去年全国散文首次评奖过程中，当时我们阅读了全国各地推荐来的一本本散文集。发现有好多散文作者在景——事——理的惯性驱动下，借助一点景或物，把自己的可怜的情致装扮演绎一番，而你送来的"三迹"（《爱的踪迹》《月迹》《心迹》），那粗犷的高原味和原始的野性形成的一股冲力，简直如强劲的"西北风"，给散文评奖带来了活力，理所当然地夺得了金牌。我们为你骄傲！

但你不安分，在荣誉声中依然躁动着。这两年你又连续发表了系列散文，你在《笑口常开》的"小引"中把它称之为是"瞎摸索"。我和你的忠实读者十分欣赏你的"瞎摸索"，因为你为自己立下了这次"瞎摸索"的宗旨是"散文能写进当代社会的内容"(《笑口常开·小引》),这正是切中了当代散文的弊端。我始终认为,当代散文作家的最大问题是笔力太轻,他们喜欢把散文园地搞成一座清净的雅致的殿堂。因此许多作者在创作散文时,喜欢香汤沐浴,穿戴整齐,把许多"杂念"——其实是丰富的情致都淘汰了,结果只能把一些大同小异的相似的带有各种光圈的感情供奉到殿堂上,使得这些感情变成了"供品",而不能成为人们所喜欢的精神食粮。而你正是看到了这一点,来一个反其道而行之,你的硬笔,把社会上的风云、变迁以及世态众相,统统地带进来了。你张口大笑,但笑过之后,才感到自己在哭(《笑口常开》)。你突然患了肝病,"失却了社会上所谓的人的意义",但悟出了真谛,"我们是病人,人却都病了"(《人病》)。在小小的棋盘上,你又发现了许多怪异现象,因此又论出一番颇为政治化的"棋道"(《弈人》)来。你的"瞎摸索"歪打正着,居然把许多人长期以来苦心孤诣营建的雅致的散文殿堂改造过来了,"摸"出了一个新天地,使你的散文变成了一个"社会",一个"世界",而且是多彩的"社会",多彩的"世界"。

我还有一种感觉,你的散文近作越来越显示出一种农民式的"俗",这是我的一种感应,大概由于我也是农民的儿子的缘故。我对你这农民式的"俗",是忧喜参半。你在散文中所显现的农民的质朴和真诚,在现当代散文中可以说并不多见。不多见就是你的特色和成功。如《笑口常开》,我感到犹如一个从毫无污染的山村原野中走出来的农民,面对世界的种种作弄,造成了困惑和反差,从而发出了一连串的苦涩的笑。你为了使官太太在大庭广众中放了一个屁免受众人指责,就挺身而出代人受过,这大概是一种农民式的盲目的勇敢。在《闲人》中你也以一种农民式的闲适心理去欣赏"闲人"的所作所为。诚然,你也有农民式的狡猾,在《笑口常开》中,写到你要出差,在不到十平方米的单间里,你为了和妻子亲热一番,可是儿子却从中作梗,就想出个叫孩子出外买酱油,而且要他用双手捧盘去买回酱油,让他一步一小心地回来。不过,农民的真诚和农民的意识也会给你造成一点麻烦,《笑口常开》的最后结尾,你去厕所中找回手稿,捂着鼻子抄,似有蛇足之感。这大概是你对农民的"俗"的偏爱所至,对任何事物都"偏"不得。"偏"了,总会节外生枝的,这是我的一点浅陋之见,供你参考。

不知你近来忙些什么,是否又在完成什么新的长篇巨著?不过,我还是衷心地希望你多写写散文:一是近来有文友来苏,说你身体依然欠佳,散文和长篇小说相比,毕竟体力消耗要少一些,有利于身体;二是我有一个顽固的想法,要改变散文的现状,光靠那些职业散文家不行。从总体上看,目前小说家的散文的水平要超过职业散文家的散文水平。在全国首次散文评奖中,许多小说家的散文集得票很多就是一个例证。因为小说家思想活跃，蔑视散文的原有的一些拳法，他们把小说创作中的许多经验借鉴过来，把散文当小说一样写。你的"三迹"可以说是把散文当小说一样写的成功实践。因此，你们的散文，仿佛是向平静的散文湖水里扔石头，如果许多小说家都来写散文，扔石头，或许也可改变一下散文的局面。一九八四年在苏州召开的一次作品讨论会上，我曾做了大会发言，就劝陆文夫、高晓声等小说家写散文，其用意也如此。因此，我和广大读者都殷切地期待你的更多的散文精品问世。

顺祝身体健康！

范培松

一九八九年十一月十七日

哭三毛

三毛死了。我与三毛并不相识但在将要相识的时候三毛死了。三毛托人带来口信嘱我寄几本我的新书给她。我刚刚将书寄去的时候,三毛死了。我邀请她来西安,陪她随心所欲地在黄土地上逛逛,信函她还未收到,三毛死了。三毛的死,对我是太突然了,我想三毛对于她的死也一定是突然,但是,就这么突然地三毛死了,死了。

人活着是多么的不容易,人死灯灭却这样快捷吗?

三毛不是美女,一个高挑着身子,披着长发,携了书和笔漫游世界的形象,年轻的坚强而又孤独的三毛对于大陆年轻人的魅力,任何局外人做任何想象来估价都是不过分的。许多年里,到处逢人说三毛,我就是那其中的读者,艺术靠征服而存在,我企羡着三毛这位真正的作家。夜半的孤灯下,我常常翻开她的书，瞧着那一张似乎很苦的脸，作想她毕竟是海峡那边的女子，远在天边，我是无缘等待得到相识面谈的。可我怎么也没有想到，一九九〇年十二月十五日，我从乡下返回西安的当天，蓦然发现了《陕西日报》上署名孙聪先生的一篇《三毛谈陕西》的文章。三毛竟然来过陕西？我却一点不知道！将那文章读下去，文章的后半部分几乎全写到了我：三毛说，"我特别喜欢读陕西作家贾平凹的书"。她还专门告我普通话念凹为（āo），但我听北方人都念凹（wā），这样亲切所以我一直也念平凹（wā）。她告诉我，"在台湾只看到了平凹的两本书，一本是《天狗》，一本是《浮躁》，我看第一篇时就非常喜欢，连看了三遍，每个标点我都研究，太有意思了，他用词很怪可很有味，每次看完我都要流泪。眼睛都要看瞎了。他写的商州人很好。这两本书我都快看烂了。你转告他，他的作品很深沉，我非常喜欢，今后有新书就寄我一本。我很崇拜他，他是当代最好的作家，当然这只是我个人的看法。他的书写得很好，看许多书都没像看他的书这样连看几遍，有空就看，有时我就看平凹的照片，研究他，他脑子里的东西太多了……大陆除了平凹的作品外，还爱读张贤亮和钟阿城的作品……"读罢这篇文章，我并不敢以三毛的评价而扬扬得意，但对于她一个台湾人，对于她一个声名远震的作家，我感动着她的真诚直率和坦荡，为能得到她的理解而高兴。也就在第二天，孙聪先生打问到了我的住址赶来，我才知道他是省电台的记者,于一九九〇年的十月在杭州花家山宾馆开会,偶尔在那里见到了三毛,这篇文章就是那次见面的谈话记录。孙聪先生详细地给我说了三毛让他带给我的话,说三毛到西安时很想找我,但又没有找,认为"从他的作品来看他很有意思,隔着山去看,他更有神秘感,如果见了面就没意思了,但我一定要拜访他"。说是明年或者后年,她要以私人的名义来西安,问我愿不愿给她借一辆旧自行车,陪她到商州走动。又说她在大陆几个城市寻我的别的作品,但没寻到,希望我寄她几本,她一定将书钱邮来。并开玩笑地对孙聪说:"我去找平凹,他的太太不会吃醋吧?会烧菜吗?"还送我一张名片,上边用钢笔写了:"平凹先生,您的忠实读者三毛。"于是,送走了孙聪,我便包扎了四本书去邮局,且复了信,说盼望她明年来西安,只要她肯冒险,不怕苦,不怕狼,能吃下粗饭,敢不卫生,我们就一块骑旧车子去一般人不去的地方逛逛,吃地方小吃,看地方戏曲,参加婚丧嫁娶的活动,了解社会最基层的人事。这书和信是十二月十六日寄走的。我等待着三毛的回音,等了二十天,我看到了报纸上的消息:三毛在两天前自杀身亡了。

三毛死了,死于自杀。她为什么自杀?是她完全理解了人生,是她完成了她活着要贡献的那一份艺术,是太孤独,还是别的原因,我无法了解。作为一个热爱着她的读者,我无限悲痛。我遗憾的是我们刚刚要结识,她竟死了,我们之间相识的缘分只能是在这一种神秘的境界中吗？！

　　三毛死了，消息见报的当天下午，我收到了许多人给我的电话，第一句都是"你知道吗，三毛死了！"接着就沉默不语，然后差不多要说："她是你的一位知音，她死了……"这些人都是看到了《陕西日报》上的那篇文章而向我打电话的。以后的这些天，但凡见到熟人，都这么给我说三毛，似乎三毛真是我的什么亲戚关系而来安慰我。我真诚地感谢着这些热爱三毛的读者，我为他们来向我表达对三毛死的痛惜感到荣幸，但我，一个人静静地坐下来的时候就发呆，内心一片悲哀。我并没有见过三毛，几个晚上都似乎梦见到一个高高的披着长发的女人，醒来思忆着梦的境界，不禁就想到了那一幅《洛神图》古画。但有时硬是不相信三毛会死，或许一切都是讹传，说不定某一日三毛真的就再来到了西安。可是，可是，所有的报纸、广播都在报道三毛死了，在街上走，随时可听见有人在议论三毛的死，是的，她是真死了。我只好对着报纸上的消息思念这位天才的作家，默默地祝愿她的灵魂上天列入仙班。

　　三毛是死了，不死的是她的书，是她的魅力。她以她的作品和她的人生创造着一个强刺激的三毛，强刺激的三毛的自杀更丰富着一个使人永远不能忘记的作家。

一九九一年一月七日

再哭三毛

我只说您永远也收不到我的那封信了,可怎么也没有想到您的信竟能邮来,就在您死后的第十一天里。今天的早晨,天格外冷,但太阳很红,我从医院看了病返回机关,同事们就叫着我叫喊:"三毛来信啦!三毛给你来信啦!"这是一批您的崇拜者,自您死后,他们一直浸沉于痛惜之中,这样的话我全然以为是一种幻想。但禁不住还在问:"是真的吗,你们怎么知道?"他们就告诉说俊芳十点钟收到的(俊芳是我的妻子,我们同在市文联工作),她一看到信来自台湾,地址最后署一个"陈"字,立即知道这是您的信就拆开了,她想看又不敢看,啊地叫了一下,眼泪先流下来了,大家全都双手抖动着读完了信,就让俊芳赶快去街上复印,以免将原件弄脏弄坏了。听了这话我就往俊芳的办公室跑,俊芳从街上还没有回来,我只急得在门口打转。十多分钟后她回来了,眼睛红红的,脸色铁青,一见我便哽咽起来:"她是收到您的信了……"

收到了,是收到了,三毛,您总算在临死之前接受了一个热爱着您的忠实读者的问候!可是,当我亲手捧着了您的信,我脑子里刹那间一片空白呀!清醒了过来,我感觉到是您来了,您就站在我的面前,您就充满在所有的空气里。

这信是您一月一日夜里二点写的,您说您"后天将住院开刀去了",据报上登载,您是三日入院的,那么您是以一九九〇年最后的晚上算起的,四日的凌晨二点您就去世了。这封信您是什么时候发出的呢,是一九九一年的一月一日白天休息起来后,还是在三日的去医院的路上?这是您给我的第一封信,也是给我的最后一封信,更是您四十八年里最后的一次笔墨,您竟在临死的时候没有忘记给我回信,您一定是要惦念着这封信的,那亡魂会护送着这封信到西安来了吧!

前几天,我流着泪水写了《哭三毛》一文,后悔着我给您的信太迟,没能收到,我们只能是有一份在朦胧中结识的缘分。写好后停也没停就跑邮局,我把它寄给了上海的《文汇报》,因为我认识《文汇报》的肖宜先生,害怕投递别的报纸因不认识编辑而误了见报时间,不能及时将我对您的痛惜、思念和一份深深的挚爱献给您。可是昨日收到《文汇报》另一位朋友的谈及别的内容的信件,竟发现我寄肖宜先生的信址写错了,《文汇报》的新址是虎丘路,我写的是原址圆明园路。我好恨我自己呀,以为那悼文肖先生是收不到了,就是收到,也不知要转多少地方费多少天日,今日正考虑怎么个补救法,您的信竟来了,您并不是没有收到我的信,您是在收到了我的信后当晚就写回信来了!

读着您的信,我的心在痉挛着,一月一日那是怎样的长夜啊,万家灯火的台北,下着雨,您孤独地在您的房间,吃着止痛片给我写信,写那么长的信,我禁不住就又哭了。您是世界上最具真情的人,在您这封绝笔信里,一如您的那些要长存于世的作品一样至情至诚,令我揪心裂肠地感动。您虽然在谈着文学,谈着对我的作品的感觉,可我哪里敢受用了您的赞誉呢,我只能感激着您的理解,只能更以您的理解而来激励我今后的创作。一遍又一遍读着您的来信,在那字里行间,在那字面背后,我是读懂了您的心态,您的人格,您的文学的追求和您的精神的大境界,是的,您是孤独的,一个真正天才的孤独啊!

现在,人们到处都在说着您,书店里您的书被抢购着,热爱着您的读者在以各种方式悼念您,哀思您,为您的死做着种种推测。可我在您的信里,看不到您在入院时有什么自杀的迹象,您说您"这一年来,内心积压着一种苦闷,它不来自我个人生活,而是因为认识了您的书本",又说您住院是害了"不大好的病"。但是,您知道自己害了"不大好的病",又能去医院动手术，可见您并没有对病产生绝望，倒自信四五个月就能恢复过来，详细地给了我通讯地址和电话号码，且说明五个月后来西安，一切都做了具体的安排，为什么偏偏在入院的当天夜里，敢就是四日的三点就死了呢?！三毛，我不明白，我到底是不明白啊！您的死，您是不情愿的，那么，是什么原因而死的呀，是如同写信时一样的疼痛在折磨您吗？是一时的感情所致吗？如果说这一切仅是一种孤独苦闷的精神基础上的刺激点，如果您的孤独苦闷在某种方面像您说的是"因为认识了您的书本"，三毛，我完全理解作为一个天才的无法摆脱的孤独，可牵涉我，我又该怎么对您说呢，我的那些书本能使您感动是您对我的偏爱而令我终生难忘，却更使我今生今世要怀上一份对您深深的内疚之痛啊！

这些天来，我一直处于恍惚之中，总觉得常常看到了您，又都形象模糊不清，走到什么地方凡是见到有女性的画片，不管是什么脸型的，似乎总觉得某一处像您，呆呆看一会儿，眼前就全是您的影子。昨日晚上，却偏偏没有做到什么离奇的梦，对您的来信没有丝毫预感，但您却来信了，信来了，您来了，您到西安来了！现在，我的笔无法把我的心情写出，我把笔放下了，又关了门，不让任何人进来，让我静静地坐一坐。不，屋里不是我独坐，对着的是您和我了，虽然您在冥中，虽然一切无声，但我们在谈着话，我们在交流着文学，交流着灵魂。这一切多好啊，那么,三毛,就让我们在往后的长长久久的岁月里一直这么交流吧。三毛!

一九九一年一月十五日下午收到三毛来信之后

附:三毛致贾平凹的信

平凹先生:

现在时刻是西元一九九一年一月一日清晨两点。下雨了。

今年开笔的头一封信,写给您:我心极喜爱的大师。恭恭敬敬的。

感谢您的这支笔,带给读者如我,许多个不睡的夜。虽然只看过两本您的大作,《天狗》与《浮躁》,可是反反复复,也看了快二十遍以上,等于四十本书了。

在当代中国作家中,与您的文笔最有感应,看到后来,看成了某种孤寂。一生酷爱读书,是个读书的人,只可惜很少有朋友能够讲讲这方面的心得。读您的书,内心寂寞尤甚,没有功力的人看您的书,要看走样的。

在台湾,有一个女朋友,她拿了您的书去看,而且肯跟我讨论,但她看书不深入,能够抓捉一些味道,我也没有选择的只有跟这位朋友讲讲《天狗》。这一年来,内心积压着一种苦闷,它不来自我个人生活,而是因为认识了您的书本。在大陆,会有人搭我的话,说"贾平凹是好呀!"我盯住人看,追问"怎么好法?"人说不上来,我就再一次把自己闷死。看您书的人等闲看看,我不开心。

平凹先生,您是大师级的作家,看了您的小说之后,我胸口闷住已有很久,这种情形,在看《红楼梦》,看张爱玲时也出现过,但他们仍不那么"对位",直到有一次在香港有人讲起大陆作家群,其中提到您的名字。一口气买了十数位的,一位一位拜读,到您的书出现,方才松了口气,想长啸起来。对了,是一位大师。一颗巨星的诞生,就是如此。我没有看走眼。以后就凭那两本手边的书,一天四五小时地读您。

要不是您的赠书来了,可能一辈子没有动机写出这样的信。就算现在写出来,想这份感觉——由您书中获得的,也是经过了我个人读书历程的"再创造",即使面对的是作者您本人,我的被封闭感仍然如旧,但有一点也许我们是可以沟通的,那就是:您的作品实在太深刻。不是背景取材问题,是您本身的灵魂。

今生阅读三个人的作品,在二十次以上,一位是曹霑,一位是张爱玲,一位是您。深深感谢。

没有说一句客套的话,您所赠给我的重礼,今生今世当好好保存,珍爱,是我极为看重的书籍。不寄我的书给您,原因很简单,相比之下,三毛的作品是写给一般人看的,贾平凹的著作,是写给三毛这种真正以一生的时光来阅读的人看的。我的书，不上您的书架，除非是友谊而不是文字。

台湾有位作家，叫作"七等生"，他的书不销，但极为独特，如果您想看他，我很乐于介绍您这些书。

想我们都是书痴，昨日翻看您的"自选集"，看到您的散文部分，一时里有些惊吓。原先看您的小说，作者是躲在幕后的，散文是生活的部分，作者没有窗帘可挡，我轻轻地翻了数页。合上了书，有些想退的感觉。散文是那么直接，更明显的真诚，令人不舍一下子进入作者的家园，那不是"黑氏"的生活告白，那是您的。今晨我再去读。以后会再读，再念，将来再将感想告诉您。先念了三遍"观察"（人道与文道杂说之二）。

四月（一九九〇年）底在西安下了飞机，站在外面那大广场上发呆，想，贾平凹就住在这个城市里，心里有着一份巨大的茫然，抽了几支烟，在冷空气中看烟慢慢散去，尔后我走了，若有所失的一种举步。

吃了止痛药才写这封信的，后天将住院开刀去了，一时里没法出远门，没法工作起码一年，有不大好的病。

如果身子不那么累了，也许四五个月可以来西安，看看您吗？倒不必陪了游玩，只想跟您讲讲我心目中所知所感的当代大师——贾平凹。

用了最宝爱的毛边纸给您写信，此地信纸太白。这种纸台北不好买了,我存放着的。我地址在信封上。

您的故乡,成了我的"梦魅"。商州不存在的。

三毛敬上

关于秦腔《恩仇夫妻》的通信

鱼闻诗老先生：

好！

昨晚去易俗社看了《恩仇夫妻》，很为您高兴！先生是作剧的名家，这个戏很有看头，尤其是朱母知叶凌霜身世而欲撮合儿子婚事一场，真是行云流水，感人至深。全剧的结尾最出人意料，为闪光之章，为您这个妙招喝彩！

一个新戏，一台新演员，易俗社不愧为名社。

总的来说，女演员比男演员好，而次要角色却显得潦草了。张咏华的戏到底老练，那个叶凌霜也真不错，其形象与我感觉中的叶凌霜相吻合。

我先在前排看，后坐到后排看，这是我看戏的习惯。我认为先看演员表情，后须移至远处方更能获得效果。给人一种间隔，愈达艺术境界。因为我觉得什么都有其环境效果：观西洋舞就得在豪华剧场，观秦腔就得在乡间土场上，而现在虽在剧场，往后坐则多少产生一种氛围。

如今看武打电影多了，对于舞台上的打斗，让人难堪，所以要遵斗打之程式，而演员也得下点功夫。此剧中的斗打不尽如人意矣！

我反对实物上台，戏剧就应是戏剧，一切在意象上讲究。此剧在此方面总的还可以，但导演还应更出新招最好。

先生备尝沧桑又饱学在身，作剧自有深刻与出奇处，晚生从未作如此信，激动之余写这几句，给您拜年了。

贾平凹

附：鱼闻诗来信

平凹：

您好！

本想在《恩》剧上演时送票请教，转而想到时值隆冬，您身体欠佳，故拟待春日。不料你悄然光临，又赐函谬奖，感激之余又颇不安。

我幼受儒家修、齐、治、平熏染，作戏时难脱"文章合为时而作"羁绊而寓褒贬善恶，又常因功力不足，流于浅薄。窃以为戏曲植根于人民中，更应直面人生，与人民同忧乐；艺术上则应力求悦耳悦目，引人入胜。若只自我陶醉而观众冷落，"皮之不存，毛将焉附"？您信中所指艺术欣赏之"环境效果"，诚哉斯言！愚下一念之差，误入"戏网"，纵有振聋发聩之志，苦无惊神泣鬼之笔，垂垂老矣，仍无多大长进，浅陋拙作，劳您破例赐函，反使我汗颜。不过值此一元复始之佳节，能与忘年交切磋艺事，亦一大快事。唯望多加珍重，祝吉人天相，早占勿药。为函所指的表演各节，已转达剧社领导及导演，他们嘱我向你致谢。

鱼闻诗

一九九〇年一月二十五日

关于散文的通信

朱鸿：

你不要称我"老师"，虽然我年龄比你大，但我们是同志，都是作家，客了气反倒生分；平等而适意了，我也好谈谈读过你书的感觉。

外边人称陕西是散文大省，我们当然不敢自夸，可陕西的散文作家整齐却是事实。在这一批作家里，你是最年轻的一茬，年轻不弱人，两本书，一本《爱之路》，一本《朱鸿散文选》，标写了你成就的记录。自不说大家怎样对你刮目相看，反正我逢人讲说要注意你，感叹文坛上真不敢说谁行说谁就不行，才情之人实在是多！

你说散文作品产生个性与魅力的关键是以真情真知展示作者的人格意象。这话说得大好。作文要有真情，已经成为常谈，但在文章中真正能体现真情却不是易事，初学者以为"文章千古事"，一捉笔就要做派拿架势，不懂得文章是在松坦中情绪流露，老作者却又常常要表现自己，美化自己，一尽伪饰造作，更疏忽了自己的清纯。即使写的是一片真情，却又乏之真知，没有自己对自然、人生的体验，所以文章就事论事，没有哲学意识，崇高的人格意象又从何建构、展示呢？读《爱之路》，最能惊喜我的并不是你那些看似平常却充满趣味的题材，也不是那些巧妙的构思和灵动的行文，而是每一篇中大胆的心扉的暴露，从而使人读出一个愤怒的卑怯的忏悔的奋斗不已又情思绵绵的真实灵魂。这是你的灵魂，又是读者的灵魂，你以你的体验写出了大家都可能有的隐秘，所以你成功了。如果说散文创作有什么窍道，这就是窍道。但要达到这一步，便又回到了一句老话：文章即人。人之问题解决不了，诚然词汇丰富，起承转合也好，那只能写"油"，只能是玩感情，大美与之无缘。可以说，文章能写到通畅就可发表，能发表几篇就可以是流行的作家，但要达到大的境界就要比人了。我理解，如果是这样，才能在自身的体验中获得真知，才能展示作者的人格意象。

作文蹈到了大方处，其写法就要讲究了。所谓的没有技巧就是大技巧，那是指进入了大境界的"精变"作家而言的，对于我们，技巧是必需的，因为我们还没有达到运用文学随心所欲的地步，这如气功界说的修炼，大气功师在修，小气功师在炼，我们还得老实去炼。你说"描写要清要细,叙述要简要白,但意蕴必须深厚含蓄",这是对的。我琢磨你的话,觉得这些还是中国艺术美学的内容,而目下,散文发展很快,我们要继承中国传统散文的工作还相当庞巨,我们又面临了继承西方传统的问题(我认为,凡是已产生了的东西都应称之为传统)。诚然,云层上边都是阳光,但我们力图在立意上穿过云层时,看到东方有东方的思维,西方有西方的思维,我们应尽量寻找东西方相通相似的地方来开拓我们的思维,丰富我们的想象力。西方人善于立意哲学,东方人的意蕴似乎境界更广泛深邃;西方人讲究透视点,创造了不同的叙述人的地位,东方人的重整体重感觉的模糊角度,这其中的同异优劣实在够我们研究了。

朱鸿,你的散文许多篇章已相当精美,又没有染上作家最容易染上的一种定格的毛病,它清新鲜活,涌动之势正旺,我衷心祝愿你保持真气,往大的境界迈进。正是你的成功之处提醒了我的检点,促使了我的思考,我也说一些你的不足,以供参考。可以看出,当你在赤裸裸抒写你的内心世界时,似乎还未推到极致,我想是否为笔力所限,如果是这样,不妨扩大你的读书面,除读散文书外,多读些小说、诗,若能练习写写小说、诗,情况就可能有改观。再一点,要营造自我,也要走出自我,有激情而超越激情,这样更利于体验。

苦闷的人生需要透一口气,散文写作在自慰了我们作家自身之外，更要使社会快活，让我们多写写真正属于这个时代的作品吧。

  致安！

贾平凹

一九九一年一月十日

附：朱鸿来信

平凹老师：

  您好！

  我和您同居一城，却遗憾未能经常请教于您，这主要是您太忙。我的散文，如果能得到您的指点，对我一定会有大益。此愿已久，今天干脆将我的两册小书《爱之路》和《朱鸿散文选》寄您，盼予以切实的批评。

  我学写散文，是在八十年代初期，正读大学。那会儿，新的文艺随着新的时代，已经开始，可社会和思潮，总有它的惯性。我的意思是，我依然是在很多散文套用一个模式进行创作，作品大而空而假的情形之下学写散文的，很苦恼散文题材的稀少，却难以超越。古代散文，外国散文，及"五四"以来鲁迅、冰心、周作人、朱自清和孙犁、郭风一辈作家的散文，启迪着来者，然而初学的我，总有代沟国沟的茫然之感。这个时候，我读了您的散文,您似乎是以自己的实践,默默进行一次文道的拨乱反正,您的散文题材,海阔天空,地大物博。我认真揣摩您的作品,感到我以前学习的东西在消化,我视野顿开。现在,如果我能体会,散文确是一种灵活而耐用的文学样式,它的容量很大,传情、载道、造境、化人,皆可承担,那么,我是在您的启示之下,借鉴前人的作品,逐步探索,得到这个认识的。

我在追求这样一种散文,它一定要有真情真知,从而充分显示作者的人格意象,这可能是产生个性与魅力的关键;它的描写要清要细,叙述要简要白,但意蕴必须深厚含蓄;字里行间,应该涌动一种气息,它会使作品灵动而不致僵硬;同时,应该可读,我觉得,文学之中,并不仅仅是言情小说与武侠小说天生地具备了可读性,散文是一样具备可读性的,像您的,就是这样。

今天我是豁出了在做一次班门弄斧,因为不把这点东西兜兜,怎么才暴露我的稚嫩呢?您怎么才好批评呢?而且,您是大家,我为小卒,我知道,您的气度决定了您不会笑我后生。

到秋天了,盼您在这丰饶的季节,有新的大作行世,并顺颂大安!

朱鸿

一九九〇年九月五日

寄语读者

今年七月间,我在《劳动周报》的副刊版上发表了五幅画,原只想能发表一下就是了,没想却产生了很多反应,大出所料,也觉惭愧。编者转来的大量读者来信,特别是河北杨剑敏同志、西安亦杰同志的信,我都仔细读了,多么感谢亲爱的读者!要我再谈些什么,说些什么呢?

只要经过稍微的训练,任何人都可获得某一种艺术的技巧,但是技巧绝不是艺术。艺术是充分显示的个性,是对于宇宙人生冲动和领悟的一种形式,我们说言之不尽则歌之,歌之不尽则舞之,这"则"就产生艺术了。所以,人都具备着艺术的天赋,可惜的是好多好多的人并不经意,或经意了又产生了"我要从事艺术"的心态,而一经有这种心态,艺术又与我们陌生了。

这就是我勇敢画画的所在。

不能说当作家已当得很有成就，却明白写作与绘画的大境界是一致的。因此，我作画是直接进入记录冲动和领悟的层面，而没有先走技巧训练的路子，诚然技巧大大妨碍和困难着我们记录冲动和领悟的形式。

林语堂先生讲，鹤足的劲瘦之美和熊掌的雄壮之美并不是为了劲瘦和雄壮，而是在生存需要中形成了它的美。操作了几十年，技巧无可挑剔的作画人，我们不愿恭维他是艺术家，这如许多作家也提笔为画，勾一株竹子，涂一束兰花，只能是消遣和养性，于身心健康有益而已。

小说是什么，散文是什么，画是什么，各人可能有各人的解释，但创作者甚或欣赏者硬要求这像不像小说，这像不像散文，这像不像画，那我们就难于创作和欣赏到好的小说、散文和美术作品了。

我毕竟浸淫于作画行道的时间太短，操作的机会太少，无意于当画家，只是心迹表露的一种偶尔的载体，谈不上也谈不出什么真知，胡乱谈谈，就此打住。

一九九一年九月二十三日

读《爱泉水清清》

刘路先生：

　　托人转来的《爱泉水清清》收到了。你为什么要起这样一个书名呢，我觉得这个名儿并不宜你的文风，虽然仅只是个名儿，但书我认真读了。与其说认真，不如说是此书征服了我的烦躁，好长的时间里我心境并不好，什么都难以使我安静地独坐，而淫浸于此书，从头看到尾，又沉思了许多东西，这现象于我也吃惊了，书中的个别篇章，几年前我亦读过（也就是那时读了你，才急切地与你认识，以后这些年里成了朋友，成了朋友反倒少读了你），现在集中读遍，我依然激动，觉得《心是肉长的》《我等马老师》《兄弟》等篇，是可以长读之作。它不仅使读者了解到历史，体悟到一种人生的况景，更是由阅读所产生的快感享受。几年前读福克纳的一些短篇，虽然对于黑奴时代的社会问题不甚兴趣,但阅读时给我的快感极强烈。

我试想了一下,如果把《兄弟》一篇夹在福克纳短篇集中,我是难以辨出真伪的。你的这批小说充满了关中乡下的生活气息,又特别厚重浑然。目下的一些写中国乡下的小说,要么高高在上,摆了好严肃好深沉的面孔指责:你们不能这样活!要么就以为乡下人是一群小丑,编一出很误会的闹剧。

你的作品初发表时读着好,时过这许多年读起来还好,当然一部作品以数年时空为优劣标准也是可笑的,可现在的小说又有多少能耐读上数年呢?不说一般作品,即那些获了奖的曾爆炸过的作品,现在还有几个重读啊!你的小说样子并不新颖,而有你的人生体证,所以你不浅薄。你吃亏于当时没有火爆,因此没有浪出大的声名。中国的作家有成名而未成功的,有成功而未成名的,而尘世上却往往重名啊。如果有人能摆脱一切外界干扰,不趋思潮,不以写评论而为发表欲的一种形式,真真正正以文学的眼光重编一册新时期的作品集,我想,你是会入选的。但哪里会有此人呢?权威者不这么干,小人物如我者,干了谁又会承认呢?

我本来只想给说说我读此书的一种质感,但我还是忍不住要赞扬你的文笔。我太喜欢《兄弟》,其中的场景,每一段每一句,笔法简练,容量却那么大!我注意到你不是一个才情汪洋的人,也不是抒情主义作家,但你的字句干净有力度,又浑然丰满。你很少用闲笔，虽然我欣赏一些作家的闲笔，认为风格完全在闲笔上，而你的这一种，又是一个路子，看似毫无技巧，但你的技巧化得没了痕迹，这一类用笔好狠的作品，又不露艰难态，是多么不容易啊！

你给了我许多启示，但我又不好学，这是因为这里有你的人生，有你的性情，启示够我思量，硬学却是要走样的。但我并不喜欢此书的后几篇作品，原本属于自传性文字，能写出许多令人难忘的东西，可惜你写得草率，看得出写时未专注。你现在教学繁忙，又热衷编写辞书一类的东西，可你写文学作品是少了些，你完全能多写的，到你这个分上已是蛮能出更多更好的小说的，我仍是要鼓动你，否则是大遗憾，甚至有些错误了。

贾平凹

一九九二年二月四日

附：刘路来信

平凹同志：

正月十三这天，和谷、朱鸿来叙，带来了你的信。从落款的日子看，信是大年初一这天写的。你身体不好，春节还为我伏案劳作，谢谢你这份深情厚谊了。

《爱泉水清清》共收集了十五篇中短篇小说，它从已发表的五十余篇文学作品中粗选出来,基本上代表了我八十年代文学创作的水平。你也许不知道,我走上文学之路,一直没有达到自由状态。说是先天不足,后天失调,并不为过。儿童时代没有摊上一个会讲故事的奶奶或姥姥,这且不说,就是少年时代也从来没有想到以后要写小说。当作家,实在是不敢想。那些年我也读过许多小说,我真佩服那些作家们,我觉得他们实在了不起,虽然不是神,恐怕也和神住在一个村子里,是神的堂兄或族弟。旁的不讲,他们怎么会知道那么多的事情,芝麻粒大的事,叫我三言两语就能说完,他们竟能津津有味地写上一大篇,还能把人的眼泪勾出来,这绝不是我能办到的事。可见我从小就是个胸无大志的人。以后上山下乡,先摸了几天锄把子,后被抽调出来,在公社、区县摇笔杆子,包办文字上的红白喜事。每日里写的尽是斗私批修讲用材料、养猪总结、农田基建简报以及春节慰问信、三夏广播稿之类的劳什子,总之,凡是应用文大致包括的文种,没有没写过的。以后上了大学中文系,神差鬼使,不知怎么就搞起创作来。随着一些作品变成铅字,便留校当了写作教师。再后的日子里,虽然创作冲动时时折磨得人坐卧不宁,却没有一段相对独立、相对完整的时间,因为心专不下来。常常是感情酝酿好了,也进入创作状态了,但又到你上课的时间了。一个星期总要被几次课切得支离破碎。还要写论文,查资料,因为大学推崇研究,重视专著和辞典。而搞创作这种工作,又不像自来水,说开就开，说关就关，什么时候龙头一拧，随时就会有水哗哗流出来。它需要投入，需要运气，需要摒弃杂念。再加之自己各方面准备不足，应用文对笔触浸淫太深，在文学的功能上急功近利，总想用文学来疗救社会，因之，力太拙，笔太慢，作品远远达不到优雅和淡泊，十多年劳作的收获自然是可怜可叹的。写几篇不伶不俐的小说，做了几篇不痛不痒的文章，编了几本不伦不类的辞典……秋天又一次如期而至，但我的收获期仍未到来，我漫步于秋林，看别人枝头硕果累累，但自己的艺术之树上却空空荡荡，只是在不为人注意处悬着几枚青果。悲怆之余，我还是习惯地安慰自己：你是一个普通的人，平凡的人。一个平凡的人最好认清楚自己的平凡，不要妄想立大业，成大事。人的一生，只要自己努力过，奋发过，也就够了！哪个运动员会保证自己一定是冠军呢？环境是把雕刻刀，每个人都是它的作品啊！

  对你来信中的那些善意的但不合实际的赞美，脸红之余，我当视为一种热切的鼓励，而所指出的拙作中的瑕疵，那不啻是金口玉言了。四十而不惑。也许，我会很快地改变自己的生活走向，纠正这些难言的遗憾，迎着艺术的金字塔走去。写到这里，元宵节之夜的爆竹声已经响成一片了。

刘路
一九九二年二月十九日

与田珍颖的通信（一）

一、"上帝无言"句，自何时始，十分欣赏？

在我四十岁的时候，我在古书中读到此句，原句为"百鬼狰狞，上帝无言"。初读时怦然心动，过后越嚼越有味，再不能忘。

二、"废都意识"的含义是什么？

我欣赏"废都"二字，一个"废"字，有多少世事沧桑！作为一个都，而如今废了，这其中能体现这都中人的一种别样的感觉，我不能具体说出，但我知道那味儿。西安可说是一个典型的废都，而中国又可以说是地球格局中的一个废都，而地球又是宇宙格局中的一个废都吧。这里的人自然有过去的辉煌和辉煌带来的文化重负，自然有如今"废"字下的失落、尴尬、不服气又无奈的可怜。这样的废都可以窒息生命，又可以在血污中闯出一条路子。而现在，就是一种艰难、尴尬的生存状况。我写作常常对社会、人生有一种感悟，却没有明确的、清晰的判断和分析，就模糊地顺着体悟走，写成什么是什么，不求其概念之圆满，只满足状况之鲜活。

三、在你的笔下，庄之蝶是有觉悟的，那么，龚、阮、汪之流，算哪一类人？

龚、阮、汪只是生存的状态，他们是觉悟的庄之蝶的环境，他们促成了庄的堕落，也帮助了庄的觉悟，而他们更走不出废都，他们在废都中活得自如，也因此烂掉在废都。

四、《废都》无章节之序号，在结构上有何考虑？

无章节之序号是我特意处理，我的感觉中，废都里的生活无序，混沌，茫然，故不要让章节清晰，写日常生活，生活是自然的流动，产生一种实感，无序，涌动。所以，在我写作中完全抛开了原来的详细提纲，写到哪儿是哪儿，乘兴而行，兴尽而止。

五、你有一篇中篇小说，也用了《废都》之名，为何独独钟爱这个名字？

原因在上边之二中谈到。以前的中篇《废都》之内容与现在长篇不同。沿用此名是我对身处的时代、社会、人生之近一个时期的困惑和思考。"废都"二字有地理意义，更有时代意义，所谓的"废都意识"初看似乎不符合当今政治宣传，但绝不是消极。我自信我有悲天悯人之情，但我不愿那种概念式的图解小说，我力寻一个角度，从男男女女事之中之后去获得社会、人生的东西。电影界的导演我欣赏张艺谋，而叹息陈凯歌，我曾说：张艺谋二指拨千斤，陈凯歌大炮打蚊子，要举重若轻。中国文坛向来崇尚史诗，我更喜欢心迹。

六、阿灿的出现，不细读，是难以觉察你的用意；细读后，也还不敢贸然结论。那么，你写阿灿，是信笔所至，还是有意安排？这个人物的出现，就庄之蝶的形象，有何益？

阿灿是女人群的别一种，她的出现，一是为了庄之蝶的生活的自然，而减弱庄与女人们故事之有意为之的嫌疑。更是为了庄在追求美好之时而陷入丑恶，又在丑恶中追求美好的惊悟与转折。我写了她的肉香，写时我口鼻也能闻见这种香。（我写作时常处于幻觉中。或许我是个神经质分子，往往看电视看到恶心的场面，鼻子里就能闻着一种臭气。所以，我对气功界的××带气写字、作画，看了能健身之说持否定，我认为他无所谓带功作画，而是一切东西都有功，悦耳目的东西都有好的气场，丑恶东西都有坏的气场。）

与田珍颖的通信（二）

一、为什么《废都》中的女性多为褒扬之笔而又多为悲剧下场？

初提这问题，我有些吃惊，因为在写作时并未刻意要这样做，这么一提，回头一想，也是这么回事。为什么会与以前的作品不同呢？我想了想，恐怕是我在不知不觉中的一种人生观念的变化吧。以前的作品，我对女性是崇拜型的，有评论家说我笔下的女性都是菩萨。我人到四十，世事也看得多了，经得多了，既然《废都》是我要表现世纪末的中国人的一种真实的生活情绪，涉及女性，必然有我的人生观的投影。书中的女性主调我依然是饱满了激情爱她们，她们的所作所为或许在当今社会的有些人眼目中是要斜视、嗤之以鼻或做另外判断的，但我不这样看，我看到的是她们的鲜活的生命和她们的生存方式的本身。我不愿做黑与白式的道德评价。我没有更多的激愤，我也不想把人物依附于一定阶级旨归的政治思想。这样，在目前的俗世里，这样的人物必是要处于尴尬之境，人生之尴尬能使她们下场好吗？我在写作时全然没有固定某人物要写成什么样子，我只是定下调子后往下写，书中的几个女性在随着她们的性格走，走着走着不能按性子走下去了，不允许那么自在自为了，她们的悲剧就出现了，为什么走不下去？那就看看她们身前与身后。书中几个女性反差并不大，我不愿用大反差，现实中人与人有多大反差呢？

二、对庄之蝶的结局安排，为什么如此而不让去海南？

庄之蝶在他的人生进入一定层次后，俱来的是一种苦闷，他总被什么阴影笼罩，他是一个有觉悟的人，但觉悟了更苦闷。他是一心要走出废都，但他走不出去，所以让他人已到了火车站而倒下了（并未点明死。我有个预感，不能让他死）。原写去海南，后更动。像他这样的人，去了或许比在废都更觉得糟糕。庄之蝶是个闲人，他的一生在创造着，同时在毁灭着，对待女人亦是如此，所以他害了许多女人。他是这个时代的悲剧。

三、四大闲人用笔重的是庄之蝶，如果同时以四人为线索，会是什么结果？有过这样的设想吗？

现以庄为重笔，是一个角度，主写他和他的女人，别的全成为背景。起先想过以四人为线索，那结构太大，字数将太多，考虑长篇太长读者会厌烦，故只集中写庄之蝶，我看有材料留下以后去写。我对书画家、戏剧家生活之熟悉，可以说比作家还要熟的。但是，作为要反映"废都意识"，我接触的书画家及戏剧家反倒没作家来得深刻，故如今以庄之蝶为线索了。

四、四大闲人，与《红楼梦》中的四大家族，在构思中是否有结构上的关联，即写四大闲人，是否受《红》之启示？

写时并没做这样关联，写出初稿后，有朋友看了，也提这问题，我噢了一声，说：这不有嫌疑了？但一切都来不及了。写四闲人，是我熟悉的四个类型，而《红》中四大家族仅仅是个交代。"四"是中国人的一个习惯思维数字，四、六都是取"全面"的意思。八大山人取名也是"四方四隅以我为大"之意。可以说，没有什么关联。初稿写成后，我曾想避嫌，减一或增一，后又一想，一是那就得大调整，二是我用个四又何妨，难道有《红》，我就不敢用四了吗？

五、报载：《废都》为"当代《红楼梦》"，你对此如何看？

报上这消息是一个作家去看我时谈到正写作的《废都》，他的看法，不想在一个小文章中提了出来。我的看法是：万万不能如此说。《红楼梦》是伟大的。我写《废都》时没有这么想过这部作品是什么，写完后也没有这么想过，我面对的只是《废都》，想的只是把它写好。别的话对我毫无意义。

六、评论界目前已开始评《废都》，你听到哪些评论？你怎样看待这些评论?

耳闻的评论很多,空口无凭,不便引用。看到文字的有曾镇南的、缪俊杰的、李炳银的等,报纸上有些报道中引用了一些评论。

对于评论家的评论和读者的反响,我是很重视的,毁誉褒贬皆可听取。我在《废都》扉页上有四句话,其中第三句是"唯有心灵真实",这也算作我写这本书的态度吧!

惜　时

——致青年朋友

我在年少的时候，喜欢做大，待到老大了，却总觉得自己还小。四年前的一日，与几个同学去春游，过河桥，桥面上一个娇嫩的女人抱了孩子，我们说：现在是娃生娃了！那女人回头说：不生娃生老汉呀？！挨了一顿骂。她骂倒无所谓，说我们是老汉使我们惊骇了。也自那回起，我发觉我越来越是丑陋，虽然已经不害怕了天灾，也不害怕了人祸，但害怕镜子。镜子里的我满头的脸，满脸的头。我痛苦地唱："我的青春小鸟一去不回来——"真的不回来了！

基于此，我不大愿意提及我以前的作品。近几年关于我的散文编选过多种版本，我决意自己不再编，也不允别人去编了。但徐庆平反复地说服我，尤其以给青年朋友编一本为由，我难能拗过她啊。还是徐庆平，女同志，在我默允了她的编选后，又提出要写个序的。唉,牛被拉上磨道了,走一圈是走,走两圈也是走,这也正是失去青春而没有自信的无奈。

人不年轻,借钱都是难以借到的。

我说这些并无别意,只是过来的人,想让年轻的朋友还年轻的时候好好珍惜。对于时间的认识或许所有的人都有饥饿感,但青春期的饥饿是吃了早饭出差赶路,赶到天黑才能吃到晚饭的饥饿,而过了青春期的饥饿是吃了上顿不知下顿有什么吃的年馑里的饥饿。

关于长篇小说《土门》的通信

穆涛：

　　长一点的稿子，我习惯在修改前请一些人读读，以尽最大的平常心去读，听听他们的感觉和意见。《土门》亦如此，而您读到的是第三稿，复印得不清楚，天又热，为难您了。

　　您的感觉总是很鲜活的，这是我一直认为的，而且意见坦诚，这是一定要您读读的原因。《土门》的思考已经很久，怎么写却让我很苦，原本要三四十万字的，以习惯了的第三人称角度去写，现在却仅不到二十万的，又变了一种法儿，害得我一而再，再而三，还要改下去。您的看法令我珍贵，肯定的意见当然会给我增加再修改的自信，谈到不足的地方，也让我琢磨了一个下午，思考着如何去修改和加强。但您的写出来的文字，还是太少，咱们得好好寻个地方谈一天两天，为了再谈能争一争，我也学您的样,写写我的一些想法,等谈起来有个中心。

城市化进程是大趋势,大趋势是无法改变的。写这样的内容,关心人类的文明,关注中国的发展的命运,这应该说是主流的东西。实际的情况是,中国在走这一步时,所发生的行为上的心理上的冲撞是世界少有的。这一点,不管在北方或南方,任何人都感受在其中。我选择了仁厚村,仁厚村在一个大都市的边沿,城市的不断扩大,使村民失去土地,又要失去村庄,他们的感受是最为深刻的。社会发生着变化,我们的思想上、心理上也发生着"时间差"变化。我们过去一直强调着"土地、革命、人民",坚守土地,保守而固执,向往的是桃花源和乌托邦,这种思想在城市文化进程中表现得很顽强,而在无法阻止的大趋势下走这一步时,又都是什么主义都产生的。仁厚村的成义就是这样,我在写他时,我不能不同情他,又不能不批判他,他是农民,农民更是易于产生专制。他仇恨着城市,他又会将仁厚村带到什么地方去呢?这就需要做进一步思考!农村是落后的,城市也有城市的弊病,尤其在中国,如何去双重地批判呢?我是站在仁厚村的角度来写这一进程的,写行为上的抗拒,心理上的抗拒,在深深的同情里写他们的迷惘和无奈,写他们的悲壮和悲凉,写一个时代的消亡。正基于这种角度,我才选择了第一人称,以仁厚村梅梅(我)的目光去展开叙述。这个叙述角度好的是能进入仁厚村内部,充分展示他们的心理,不利的是难以将我擅长的白描手法显露,这可能就是您读时感觉上女性的不丰满和语言上的不是先前模样。这我在修改时要加强的。您是否注意到,一些次要人物白描成分是较多的?我不想使这部小说故事太强,更喜欢运用象征和营造一种意象世界来寓言。仁厚村就是一个整体象征,而具体的象征,如狗、狗的亮鞭、石牌楼、坟地、成义的阴阳手、梅梅的尾骨、仁厚村的祖先、足球比赛、神禾塬、梦中的城、凶杀案、佛石等等。其实,云林爷也是,范景全也是。这两个人也可以说是作者的理想之物,尤其范景全,他在做一种启蒙,宣传大趋势、告别革命、双重清算、民主、法治。他说的是多了些,而他的行动,应是迷茫和悲凉里的一线光明和温暖。您谈到云林爷的"神气",这种人在陕西民间很多,我接触过的,可能在作品处理中未能写得更合理、更圆满些,这我得加工。至于"我"的在小说结尾处的灵魂出窍,那又是一种笔法罢了。

至于长篇小说怎么写,我也不知怎么才算长篇的结构,但我的想法,小说不论长短,不应有固定模式的,依题材和感觉随意着为好。语言的使用,其实也是对小说的一种认识。这一部书稿中的语言,您的感觉是合于我的初衷的。文中似乎有意识流,但它不是流行的那种,我的理解,比如,两人交谈,要真正产生真实感,应是甲与乙对话时,甲在对乙说着,甲的眼光一定会看到乙身边和身后的景物,又能以此想到别的事。我就这么写了,而不是一个人只坐在那里乱七八糟地想。这样写,有些会显得突兀，但只要认真读，回想前边的内容，就会明白一切，而感到更真实。但它毕竟没有白描易于阅读。我不想字句太顺溜，也不愿浮滑地绕来绕去，想有文字的一种质感。咱们面谈时再聊聊这方面的事。

　　一部作品写出，作者已没有必要说三道四，因为看到您的信，一时触动我没条理地说了以上话。写小说，我往往只感觉哪里有写头，哪里没必要写，如河流一样，只朦胧里知道水往东流去，但怎样流着有漩涡和浪花，我只是流着看。您作为作家，更作为一名编辑，平日又钻研文论，您比我理智清楚。所以，咱们一定要长谈一次，我就可以动笔再修改了。

　　附上西北大学两位年轻的历史学教授和经济学教授读过的意见，他们的思维极好，意见对我颇启发。另，再谈时，我给您讲讲我在苏南的感受，那里的农村大致已社区化，其中有许多可以令我们对当今农村和农民再认识。昨日又见了一位深圳市原来的领导，他得知我写这部小说，提供了他亲身经历的许多有深刻意义而有趣的素材，对修改很有好处。您最后说那些话，我猜出是要报酬了，我会请您喝酒的，是好酒。

　　致礼！

贾平凹

一九九六年八月四日

附：穆涛来信

老贾：

手稿读完。谢谢您的交代，还有看重。在阅读的过程中，我产生了一些想法，如一把煮水的壶，水沸腾了，壶壁也粘留了水垢，尽管我们差不多每天见面，低头不见抬头见，但面谈总不及笔谈，口永远跟不上精神，便写这封信给您，以便尽可能清晰地说出我的感受，来一次抬头不见低头见。

这部手稿我读了两遍，先是顺通着读，找是否有碍读的梗结，寻您旧作的影子，再是细读，读人物，读细节，读细节与细节的勾连，读细节们怎样发挥力量。阅读之前我所担心的在手稿中基本没有出现，或出现得较细微，我不是站在编辑或批评家的角度读的，我用普通读者的眼睛去看，尽可能客观地去读。您知道，这样做起来比较困难，作为一个熟知您的人，不仅在写作上，甚至熟知您的日常生活，这本身是妨碍真实地阅读的。坦诚地讲，这部书大的方面让我震动，它在很多方面变化了以前的您，一些细处让我感动，它们保持并发扬了您旧日的风范与风采，但有些地方也令我冲动地想对您讲，讲局部考究上的一些不满足，这也是我写这封信的缘由之一。

一个作家，如果不同人类的落后与愚昧做精神清算的话，就不可能成为一个卓越的，可以使用远见卓识定语的作家，但同时,每个优秀作家又都是稳定自己的内心花园的,这是一组表面看来矛盾,内质却相映相彰的对应物,我极喜欢这个小说的立意,它正是骑跨在这一门槛上。这部小说写了城乡接合部一个村子——仁厚村的城市化过程(这个村子的典型处在于它不是一般意义上的普通农村,它是有历史沿革的,是明朝的一个遗物,又有清朝"关西书院"文化背景的陶冶,因此可以理解为它是中国旧制式发展到现今社会的一个缩影)。城郊地带的农用土地已经被征用了,日益现代化的城市逼向了代表农民特征的最后一块堡垒——农村住房,一方要拆迁,一方要保守。这本书的别致之处在于您是正方位地去书写保守的一方,写他们正当或不正当的抵触与抵抗,他们的挣扎,他们的无奈,以及最后的全军覆没。这部书让我震动的是,它形象地描绘了最后一堵士大夫围墙的崩溃与瓦解。

这部小说透写了一村人的心理挣扎过程,这些城郊农民在失去了土地之后已经退失了农民原本的含义,但他们的社会身份尚没有被定型,社会使他们成为"边缘人",用我们时髦的说法叫"编外",他们没有了土地,没有了正常的职业,成了社会的多余或超载。他们为了生存或自守而苦苦奔波,或浪迹天涯(如成义),或自身进取成为城市人(如老冉),或依附(如眉子),但更多的则如书中许多人一样,蹬三轮车沿街贩菜贩物,这些人纵然没有衣食之忧,但最大的梗结滞塞在他们命运的咽喉处——

精神或灵魂已然没有落脚之处，他们为了保住一息"脉根"，甚至不惜为村里每一户活人裹修陵墓。

书中以我、成义、云林爷等几根细线，结成了一张妄图努力的网，这张网的用途很单纯，反对拆迁，保住"家园"，感觉里颇有张勋辫子军的味道。一群人为了保守而行动，一幕悲剧从头到尾洋溢着带霉味的悲壮。这群人纵有士大夫气的熏蒸，但本质上仍是农民，因而限于自身的素质条件，所谓的求发展也是徘徊在照搬与模仿的地段。书中的成义是个生动的人物，一举一动全然一个农民起义者的做派，以鲁莽作勇敢，以痞气作正气，他的最后结局也喻指了这类人物在中国历史长河中的结局（历史上，这类的农民人物很多）。我以为这部书的价值还在于实现了双重意义的批判：既批判了农民的落后与愚昧，同时也批判了城市文明中不健康的成分——发展的不择手段化，人情冷漠，偏执的热情（足球骚乱），等等。

这部小说的结构点是滚雪球式的，从小处着手，从实处做起，而着眼点却是日益发展着的城市文明进程，您没有像有些作家那样，选取一家企业或一家大公司，去铺写波澜壮阔的改革大流，这种取景法不是您的长处，而且您可能也清楚这种写法很难深入地传达到文化的深层，一不留神便流于表层的形式。您聪明地选择了城郊地带的一个村子，从内部写它的抵抗、动摇到无奈接受的全过程，透彻地道出了社会工业化发展不可阻挡的大趋势。这种处理办法的潜层含义，还在于写出了人类文明的脚步每向前迈动一步的艰难与疼痛。

这个小说在语言使用上，较以前有了很明显的变化，以前您的写作，多为白描、直陈事物，不铺垫，不枝蔓，心动为情，与生俱生，在这个小说中，在语言的展开上，尤其是人物活动、对话的语言周围，您使用了似乎是意识流动的写法，比如人与人会话时，您多写了人周围的一些景态，这种写法貌似杂陈，给我的直觉是这些人物更具活态。我曾读过一本旧日的小说，是早期的宋元时代的初雏小说，名字记不清楚了，有一处诗化的描述却记着，是一个文人对一位虽已中年却风韵犹存的女子的"写意"——"半旧鞋儿着稳，重糊纸扇风多。隔年煮酒味偏浓，雨过樱桃色重。有距公鸡快斗，尾长山雉枭雄。烧残银烛焰头红，半老佳人可共"。这种描述实在是好，宛如一只蝶沿绕着一朵花，飞起又降落。我们目前建立在现代汉语基础上的小说语言最显眼的弊处便是单薄，一种为欧化体或译文体，用的字数多，含的义却少，一种为古汉语的脱胎，半墨半水。我们的小说家在文体上努力得多，在语言上，尽心得太少，这不能不算作我们目前小说文体上的一大尴尬处。

我在对您的连续阅读中，一直感觉不舒服的便是您对"神气"的偏爱与执信，您似乎陷入得很深，在这个小说中，仍存有明显的烙痕，比如梅梅的灵魂出窍，比如云林爷的"病夫治病"，我是相信灵感的反复无常以及征兆的突如其来的，比如一个作曲家在谱写的途中，思路被卡住，心情郁郁不开时，一枚偶尔砸在肩头的落叶完全可能一触即发，顺通症结，使后继的音乐水流一般泻出。这便是灵感的无常力量所致。天地的征兆是神秘的，但征兆的突如其来是有潜在道理的，比如一场暴雨前的蚂蚁搬家，游蛇出洞，惊燕浅翔，再比如一场地震前的老鼠过街，鸡犬不宁。另外，我也相信梦中踩到满脚的大粪，第二天可能就有财物的收入，但是，如果梦到金银元宝满地，且硌得脚心发疼的场景，天明或可就有灾难莅临，因为人生中最莫测的变幻就是金钱，时而粪土，时而显赫，时而灾祸，梦与醒之间仅隔着一层薄薄的纸。但一个农夫疯病一场后便成为济世神医，我对此是存有隔膜的……

另外，在您往日的小说中，您差不多是尽了全身去抒写女子的，女性在您的笔下灿然俏立，或美在诗意，或美在良善，或美在妖娆，或美在不可言传，总之，您有多少种心思，您笔下的女子就有多少种美丽。但在这个小说中，您似乎有些分神，两位主要女性人物均不及几个男子饱满，不知您有何居心在其中？我这信是随想随写的，属信手开河之列，您是写作的大成就者，我是牛对着贝多芬弹钢琴，说对的说错的均别往心里去，尤其是说错的。

穆涛

一九九六年八月二日

复肖云儒信

老肖：

　　接到您的信，您竟然早早读了《土门》！现在很少人在读书了，即使读，也胡乱翻翻，囫囵吞枣。读书原本是快乐事，像您这等人，平日那么多作者把书给您，读书成为职业和负担，那就成了一桩活受罪。所以，您能读完《土门》，而且又写来读后印象，倒使我今早不安，起来回信问好。

　　近几年的三部长篇，说其变化那也必然，一个话题不停地唠叨，说得人也厌烦。但仅在题材上、写法上的变化，是不足道的事，其实我的心并未变的。我是平民，无职无位，不能为国家行大力，却不敢忘了匹夫之责，牢骚不愿意去发，躲进象牙塔去又不肯，只是在社会基层里呼吸。这种关心是务虚的一种，没有个人的功利，也没有忌讳；社会的每一点进步都令我欣喜不已，而不尽人意处又忧心忡忡，敏感得如风中之旗。无论喜与忧，我是反对纠缠于就事论事，惊惊乍乍的行为是"大丈夫不为也"，我看重的是整个社会的心态，是弥漫于人们普遍意识中的一种气。目的不在于做破坏，也无能力去建构什么，我想，作品的作用，只在于警示。所以三部长篇，若能明白我的心，我就感激涕零；若误读，我只能叹一口气，默默地舔自己的伤口，等待着。当然我也想，为什么会这样呢？除了等待时间外，原因可能更出在我身上，功夫欠缺，故事讲不好，意思也没说明白。

我好的一点是没有心凉，写作的热情没有减退，我要对着社会说话，作品是我唯一的说话的方式。当我疲倦的时候，不妨对你说，一个人坐在书房悄悄垂泪，孤单和寂寞，深感自己的无能和无力，然后就慢慢平下心去，继续工作。这几部长篇和一两本散文就是这样产生的。我的写作自然不能比拟昔日和氏璧，但我有和氏的韧劲，我也相信我对石头和凿子是越来越有了些感觉。

至今，我差不多已经消磨了让人宠爱的欲望，如此一部一部去写，也知道自己的作品过目而忘，不会要藏之名山传之后世，我也是盼望写过的作品极快朽去，这才使我有热情投入新的写作中。我不止一次想更换笔名，但出版家们不允许，后来想了，让我盯着我的无能这也好，"贾平凹"三个字才得以继续用在封面上。

您是一直关注我的人，每一部作品都浪费过您的时间。一部作品出来，既想让别人读，又怕别人读了是一种受罪，心情实在矛盾，说给人听，人也不大理解。我感谢您，感谢您的肯定，也感谢您的否定，连同所有读了我的作品后仁者见仁智者见智的读者，我都要感谢，因为正反意见对我的写作都有益，昨日看不到效果，今日看到，今日看不到，明日看到，我的河要流，我将纳一切溪水。社会在允许和培养着我的写作，鸟投树上，树肯包容，鸟是知道的。

我的身体比以前还能好些，苍老是苍老了，而肝病好转，只是腰日日见粗，肚皮出来，越发丑陋。边家村新开了一家红焖羊肉店，几时约您吃去，不知肯不肯来？

平凹

一九九六年十二月一日

附：肖云儒来信

平凹：

日前来电，知你已从江南回来，定然又有了许多新的见闻和感受。不知江浙日记还接着写下去不？等着读。

询及对你新作《土门》的印象，那天还未看完，不好说什么。刚刚（五日之后的这个时刻）才合上最后一页，趁热打铁便提笔给你写信，也只能谈谈印象了。最主要的印象是有了变化——《土门》是你写城市生活的第三部长篇,较之前两部,这个变化表现在好几方面。

比如,视角有变。你原先主要写商州农村,前两部长篇,题材由过去写乡,转到写城,《土门》则由写城转到写城中之乡、乡中之城(就是小说后记中说的"都市的村庄""村庄的都市")。这也是一种城乡交叉,这种交叉,不只是城乡地域上的交叉,更是城乡文化、城乡价值坐标的交叉。这种交叉和冲突,整个是在市场经济背景下展开的,呈示出一种内在的动感。城乡双方,都在市场观念和市场运作中变化运动,而双方又通过衔接、冲突实现着不同程度的转化。这种转化,表现为城市如何在社区生活方式和文化精神两方以不可遏止的力量吃掉乡村,有时也表现为乡村在这种被吃的过程中,美善的伦理对现代都市精神倾斜的制衡。我感到这种动态运动中,有城和乡的"自转",又有城乡在"自转"中的"公转"。正是这种对城乡之间复杂关系的动态表现,使小说具有转型时代的当代生活的鲜明色彩和鲜活气息。

比如,焦点有变。其实,你前两部都市长篇也并不是纯城市的,深处触及的仍是城与乡的冲突。只是它们的焦点聚在都市文明和农业文明在知识人内心所引起的冲突上,集中表现的是现代都市生活、都市文明给一群或隐或显带有农业文明因子的知识人心灵所造成的冲击,以及在这种冲击中的不适应、惶惑,乃至消沉、颓丧。也就是说，前两本书的焦点一在个体人身上，二在内心状态上，对城乡冲突、都市文明和农业文明的冲突没有花篇幅正面展开，只是着重写了精神折光、情绪余波和风俗习性的生活状态。这部《土门》，一方面表现了城市吞噬乡村在土门人心中引起的痛苦，另一方面，却将焦点聚集在乡村被都市侵占的具体生活进程上，正面展开了城乡两种社区生活方式、生产方式和相应的精神、文化方式的差异和矛盾，这种矛盾演化为贯穿性的文学情结和生活事件。这也就是说，《土门》的描写焦点一在群体人（土门人）身上，二在生活的实际进程上。这是它和你前两部长篇不同的地方。这种变化，使《土门》和当前民众的生活、百姓的思绪更贴近，使小说作为时代的聚光镜，焦点更清晰。

再比如，基调有变。应该说你的三部城市题材长篇都具有浓郁的悲剧感。悲剧感来自转型时期历史和伦理的冲突，环境和人的冲突，来自都市与乡村、现代与传统文化精神的冲突。但同是悲剧，《土门》的基调却和上两部长篇不大一样。上两部，也许因为主人公是知识阶层，在文明转型中的心灵内省和感情痛苦，多少显出一种灰调子、冷调子来。在外力强劲的挤压下，消沉、颓丧甚至畸变，这些在生活旋涡之外的知识人的通病，都是免不了的。也许你对这类人过分熟悉，过分同情，也许你自己也有类似的感同身受、类似的心理经验，对上两部书中的主要人物发生某种感情判断上的迷茫，恐怕也是免不了的。这都是真诚的，却不能不造成那两部作品基调的灰冷。不知是不是这样。

《土门》这部书不同,它所写的人物不是知识人而是劳动者。这些人物的文化观念和文化心理,主要不表现为内省和思辨,不表现为心灵震颤和情怀伤感,而是主要通过社会实践性很强的语言和行为得到表现。他们当然也有悲怆与感伤,但表达时特别是外化时,常常是那种积极、开朗的风格色彩。这是只有民众百姓才有的生机和暖色,现在构成了《土门》中不同于你前两部长篇的基调。你既真实地描绘了近郊农村在迅速城市化过程中出现的新社会矛盾和新心理冲突,真实地描绘了它的不可逆转,它的阵痛,又真诚地袒露了你自己在感情深处对正在遗失的乡村文明的依恋和失落感。这样,不可逆转的真实和眷依的真诚,构成了悖论。作品深处许多耐人寻味的东西,就埋藏在这个悖论里。

我总感到《土门》的写作还稍嫌粗疏。在印象中,你是在很快的速度中写这部书的,这不光指写作时间,也指写作心态。你捕捉到了当代生活一个极好的题材,也有了一个挺好的思考,两方面都有待更深更细地拓展,有待更浑然一体地交融,便写出来了。有不少可以更细致、更丰满、更准确的地方,不少可以出"戏"、出"诗"的地方,掠了过去,留下了遗憾。以你的素养和才情,是完全可以避免的——我是不是苛求了呢?

上次见你,头发似乎比原先薄了,脸上也有一层疲色,一副真正人到中年的样子。你近年作品多，创作量太大，一定要节劳，要悠着，要格外注意调适自己。我主张生命不见得在于运动，倒是更在于人和境、内和外的调适。

　　顺致
冬安

肖云儒

十篇短信

一

盛夏人皮是破竹篓，出汗淋漓如漏。老母坐不住家，一日数次下楼去寻老太太们闲聊，倒不嫌热。我也以写书避暑。（坐桌前以唾液沾双乳上，便有凉风通体。此秘诀你可试试，不要与玩麻将者说。）写书宜写闲情书。能闲聊是真知己，闲情书易成美文。但母亲没喝水习惯，怕她上火，劝多喝水，她说口里不要，肚里也不要。我和妹妹都是能喝水的，来家的那些朋友，也无一不能喝。今早忽然醒悟，蹲机关的人上了班都是一支烟，一杯水，一张报的。母亲则是从来没有工作过！

来时不必带土产，有便车捎些西瓜给母亲即可。切切。

二

我倒不信你能江郎才尽,瞧照片上,腰又大了一圈,那里边装什么?文坛上有人是晨鸡暮犬,他们出于职责,当可闻鸡而起,听吠安睡,有人则是老鼠磨牙,咬你的箱子磨他的牙罢了。前年你写那部书一成功,我就知道你要坏了人缘的,现在果然是,但麻将桌上连坐五庄,必然要得罪人,输家是有资格发脾气,也可以欠账,也可以骂人唔。只担心你那口疮,治得如何?口要善待才是,除了吃饭,除了在领导面前说"是"外,将来那些人还要请你去谈创作经验啊!

三

因养了一盆郁金香,会开到一半我就溜了,听说×××颇有微词?我这屁股坐惯了书桌前的椅子,坐主席台上的椅子不自在。你几时来看花?美人不说话就是花,花一说话就是美人。

四

我当主编,忙的却是你们,几次想卸了这帽子,但卸不了,这也是不理事当不了官,能当大官不要理事。天这么热,办公室又没空调,不知买没买人丹丸?我赶了半天写下这期《读稿人语》,让小施捎去,再让捎去一盘五色冰激凌。六块,一人三块。吃罢将盘子一定还我。

五

儿女小时可以打，如拍打衣服上土，稍大了就是皮球，越打越蹦得高。我大学毕了业，先父还踢我一脚，待到后来一日，他吸烟，也递我一支，我才知道我从此不挨打了。但有人说父子如兄弟，如同志，那倒又过分，因为儿女的禀性是永远不崇拜父母的。我女儿看三流电视剧也伤心落泪，读我的书却总认为是她看着我写的，不是真的。让他去吧，龙种或许生跳蚤，丑猪或许养麒麟，只须叮咛"吃喝嫖赌不能抽（大烟），坑蒙拐骗不能偷（东西）"就罢了。窑炉只管烧瓷罐，瓷罐到社会上去，你能管得着去做油罐还是尿罐？老江说组织一次南山游的，又不见了动静，如果南山去不成，三月十五日午时去豪门菜馆吃海鲜，我做东。

六

空气装在皮圈里即为轮胎，我如果能手一抓就一把风，掷去砸人，先砸倒那姓曹的！盛世的皇帝寿命都高，因为他为国人谋福利。损人利己者则如通缉的逃犯，惶惶不可终日，岂能身体安康？发不义之财，若不做慈善业消耗，如人只吃饭而不长肛门，终有一日自己把自己憋死。

那只鳖不能让山兄去放生,他会放生到他的肚腹去。

七

不要嫌老婆脸黑,黑是黑,是本色,将来生子,还能卖好价钱的面粉。那日到×校开会,去了那么多作家,主持人要我站起来让学生们看看,我站起来躬腰点头,掌声雷动,主持人又说:同学们这么欢迎你,你站起来么!我说我是站起来的呀!主持人说:噢,你个子低。掌声更是雷动。我不嫌我个头矮,人不是白菜,大了好卖。做人不要心存自己是女人或是男人,也不必心存自己丑或自己美,一存心就坏了事。以貌取人者是奴才,与小奴才有什么计较?

八

我要闭门写作呀,有事三十天后见。若有人寻到你打问我的行踪,只说我自杀了。记住,是安乐死,不是上吊,上吊吐舌头形象不佳。

九

能让别人利用,也是好事。研究《红楼梦》可以当博士,画钟馗可以逼鬼,给当官的当秘书可以自己当官。藤蔓多正因着你是乔木。无山不起云,起云山显得更高。若你周围没那些营营之辈,你又会是何等面目?朋友都是走了的好。今夜月光满地,刚才开窗我还以为巷口的下水道又堵塞,是水漫淹,就想你若踏水来访多好!我可教你作曲解烦。作曲并不难,"言之不尽歌咏之",曲就是把说不尽的话从心里起便放慢音节哼出来,记下便可了,如记不下,旁边放录音机来录。学那钢琴就非是一月半月能操作,且十个指头,怎能按得住一百零八个键呢?

十

买书不要买豪华本,豪华本的书那是卖给不读书的人的。读书也不必只读纸做的书,山水可以读,云雨可以读,官场可以读,商界可以读。赌徒和妓女也都是书。只在家读书本,读了书还是读书,无异于整日喝酒、打牌和吸烟土,于社会、家人有什么好处?

得空来吃茶,我前日得明前茶一罐。

辞宴书

六月十六日粤菜馆的饭局我就不去了。在座的有那么多领导和大款，我虽也是局级，但文联主席是穷官、闲官，别人不装在眼里，我也不把我瞧得上，哪里敢称作同僚？他们知道我而没见过我，我没有见过人家也不知道人家具体职务，若去了，他们西装革履我一身休闲，他们坐小车我骑自行车，他们提手机我背个挎包，于我觉得寒酸，于人家又觉得我不合群，这饭就吃得不自在了。要吃饭和熟人吃着香，爱吃的多吃，不爱吃的少吃，可以打嗝儿，可以放屁，可以说趣话骂娘，和生人能这样吗？和领导能这样吗？知道的能原谅我是懒散惯了，不知道的还以为我对人家不恭，为吃一顿饭惹出许多事情来，这就犯不着了。酒席上谁是上座，谁是次座，那是不能乱了秩序的，且常常上座的领导到得最迟，菜端上来得他到来方能开席，我是半年了未吃海鲜之类，见那龙虾海蟹就急不可耐，若不自觉筷先伸了过去如何是好？即便开席，你知道我向来吃速快，吃相难看，只顾闷头吃下去，若顺我意，让满座难堪，也丢了文人的斯文，若强制自己，为吃一顿饭强制自己，这又是为什么来着？席间敬酒，先敬谁，后敬谁，顺序不能乱，谁也不得漏，我又怎么记得住哪一位是政府人，哪一位是党里人？而且又要说敬酒词，我生来口讷，说得得体我不会，说不得体又落个傲慢。敬领导要起立，一人敬全席起立，我腿有疾，几十次起来坐下又起来我难以支持。我又不善笑，你知道，从来照相都不笑的，在席上当然要笑，那笑就易于皮笑肉不笑，就要冷落席上的气氛。更为难的是我自患病后已戒了酒，若领导让我喝，我不喝拂他的兴，喝了又得伤我身子，即使是你事先在我杯中盛白水，一旦发现，那就全没了意思。官场的事我不懂，写文章又常惹领导不满，席间人家若指导起文学上的事，我该不该掏了笔来记录？该不该和他辩论？说是不是，说不是也不是，我这般年纪了，在外随便惯了，在家也充大惯了，让我一副奴相去逢迎，百般殷勤作妓态，一时半会儿难以学会。而你设一局饭，花销几千，忙活数日，图的是皆大欢喜，若让我去尴尬了人家，这饭局就白设了，我怎么对得住朋友？而让我难堪，这你又于心不忍，所以，还是放我过去，免了吧。几时我来做东，回报你的心意，咱坐小饭馆，一壶酒，两个人，三碗饭，四盘菜，五六十分钟吃一顿！如果领导知道了要请我而我未去，你就说我突然病了，病得很重，这虽然对我不吉利，但我宁愿重病，也免得我去坏了你的饭局而让我长久心中愧疚啊。

一九九八年一月二日

给尚×的信

——关于获法国费米娜文学奖的前后

尚×先生：

感谢你的关注！问及《废都》一书获奖之事，我做一答复。这种答复由我来做，确实有点不该，话也不好说，却荒唐到我不说，谁也不知道。别的人来询问，一言两语就应付过了，对你竟得前前后后地说。

一九九三年《废都》出版后，巨大的荣誉和羞辱使我走向了平和，日月寂寞，也孤独，一年复一年的春夏秋冬，我在西北大学的两室房里，一边养我的病一边写我愿意写的文章。一九九七年，这个冬天也很快要过去了，十月二十（或二十一）日，原本还暖和的天，突然气温下降，老弱病残者大多感冒，母亲感冒了，孩子感冒了，而最容易感冒的我竟然幸免。傍晚，我站在那尊释迦牟尼的石头像前祈祷，盼望母亲和孩子的感冒尽快过去——母亲是七十岁的人了，而孩子的病因感冒要加重的。这时电话铃响起来，一切就开始了，是法国的安博兰女士在巴黎的那头通知我：《废都》的法译本已经出版，给我寄出了数册，不知收到否。而此书一上市，立即得到法国文学界、读书界极为强烈的反响，评价甚高，有人称是同读中国的《红楼梦》一样有味道，有人惊讶当代中国还有这样的作家，称之为中国最重要的作家、伟大的作家。并说此书已入围今年法国费米娜文学奖的外国文学奖，出版该书的斯托克出版社委托她邀请我去巴黎参加十一月三日的揭晓及颁奖大会，问能不能来，政府能不能让来。突如其来的消息使我一时不知所措，我慌乱地在电话里说：《废都》法译本是出版了吗？这太好了，我感谢你，感谢斯托克出版社。有人那样评价我，这太过分了，我是一个普通的作家，中国优秀作家多的是，那样评价我消受不起。安博兰女士是法文版《废都》的译者，数年前代表法国斯托克出版社与我签订过翻译合同，但以后再未联系，鉴于韩国、中国台湾等地因《废都》版权发生过欺骗我的行为，未能付酬或少付酬，对于法译本事我已淡然。安博兰的消息令我意外而兴奋，但她声音尖锐，中文说得紧急，我只会说陕西话，许多话她听不懂，就反复讲译本在法国的反响如何如何地强烈，追问我十一月三日能不能赶来。我说政府可能不会不让去的，问题是我没有护照，要办护照，法国方面得来个邀请函,这边才能申办,而申办手续复杂,不是一天两天可办理完的,且还得去北京签证,这样时间就来不及了。当然,我心里还有个小算盘,想,入围只是入围,真的去了,揭晓会上揭晓的不是《废都》,那我去的意义就不大。因身体不好,生性又不大善应酬,这些年美国、加拿大、日本和台湾等国家和地区皆邀请我去访问或开会,我都一一谢绝了的。至于在法国的反响,我是还有些自信的,因为此书在中国,于一九九三年十二月份有人做过调查,不到半年时间,除正式或半正式出版一百万册外,还有大约一千多万册的盗印本,这些年盗印仍在不停。日译本曾在日本极为轰动,年初时已再版再印数次,发行到六万四千多册,所有报纸都有消息和评论,以至日本公论社欲连续出版我的作品。韩译本亦是如此。港台版更是几乎发行到全球所有的华人区。但能在东方之外的法国得到这样的反应并有可能获奖,这是我没有想到的。

我最后告诉安博兰:让我再考虑考虑,明日晚上望再联系。放下电话,我沏了茶喝,门又被敲响,我的门常被人敲的,一般是不开的,今夜却开了门,原来是外地来的几位杂志社编辑,他们一是得知我六月份到十月份又住了院治病来看看,二是约稿,女士们带来的礼物是一抱鲜花。我暗想,这花来得好!正坐下说话,孙见喜和穆涛两位文友来聊天,他们还在取笑我前日玩麻将又输了钱,说,你内战内行,外战外行,对你的输钱深表同情和慰问。我当然要回击他们,说钱宜散不宜聚,我是故意输的,不输那一场麻将哪能有法国的好事呢?随之告诉了刚才的消息。他们听我说后,竟比我还高兴,嚷嚷这么大的好事,你倒拿得稳!喝酒呀,拿酒让大家喝呀!我已经多年不动酒了,家里自然不存酒,仅有几瓶别人拿来的"金太史"啤酒。窗外的风呼呼地响,冷啤酒又没酒杯,就以粗瓷碗盛了,举之相碰,齐声祝贺。有个编辑说,明日我写个消息寄给报社去,应该让更多人知道此事,我赶忙挡了,获奖八字还没见一撇,万万不敢对外说。"金太史"啤酒是司马迁家乡的酒,今晚喝之,特别有意义,编辑们都是带了相机的,当场照了相。这照片后来送我,上边写了五个字:清冷的祝贺。

第二天约好安博兰再来电话,但因孩子的病我去询问一个名医,回来晚了,未能联系上,家里的电话是市内电话,无法拨通巴黎,只好作罢。事后得知,安博兰未能与我联系上,就找北京的吕华,吕华是中央编译出版社的法文部主任,与安博兰熟悉,也是法国认同的几个中国法文翻译家之一。吕华也不知我在哪儿,从该社编辑、作家野莽那儿得知了孙见喜电话,孙见喜又找我,又找穆涛,穆涛办公室有传真,吕华将邀请函传给了穆涛,并约了我与安博兰通话的时间。再次与安博兰通话,距十一月三日时间又缩短了三天,我是无论如何也去不了巴黎了。这样,我只有等待十一月三日的揭晓消息了。

等待是熬煎人的。十一月三日,没有动静,四日晚,我在《美文》编辑部玩麻将,到很久的时间了,穆涛从他的房间出来,让我接电话,说吕华通知《废都》获奖了!我说:你哄我吧?穆涛说:真的,你接电话。电话里吕华说:"刚刚得到消息,《废都》获法国费米娜外国文学大奖!我向你祝贺!"我朝空打了一拳,说:好!反身再去玩牌,已视钱如粪土。痛快玩到肚饥,几人去水晶宫饭店吃夜宵,当然我请客。我把消息告知家人,又通知孙见喜,让他也来吃饭。饭毕,又去编辑部,孙、穆主张写一小稿,将消息报道出去。我说:自己报道自己的消息?穆涛说:这是特殊情况,你不说谁知道,万不得已啊!可怜他二人从未写过消息报道,写了几遍都不满意,更要命的是,《废都》在国内被禁,多年来新闻界见"废都"二字如见大敌,少是拒不宣传,多是避之不及,明哲保身,谁肯发表呢?费尽心力将小稿写出,又反复给吕华拨电话,进一步查证有关资料,以免稿子内容有误,最后形成文:

据十一月三日法国巴黎消息:中国作家贾平凹的一部长篇小说(《废都》)荣获"法国费米娜外国文学奖"。这是贾平凹继一九八八年获"美国飞马文学奖"之后又一次获得重要的国际文学奖。"费米娜文学奖"与"龚古尔文学奖""梅迪西文学奖"共为法国三大文学奖。该奖始创于一九〇四年，分设法国文学奖和外国文学奖，每年十一月份第一个星期的第一天颁奖。本届评委会由十二位法国著名女作家、女评论家组成。贾平凹是今年获得该奖项"外国文学奖"的唯一作家，同时也是亚洲作家第一次获取该奖。

之所以在稿子中将《废都》写入括号内，即担心有的报纸不敢使名字出现，便可以删去括号而不影响原文。

后来，报纸上发出此文稿时，果然均删去了"废都"二字。刊登消息的报纸我见到的有《文艺报》《文学报》《作家报》《文论报》《文汇报》《解放日报》等，陕西的报纸仅《三秦都市报》。这期间，法国国际广播电台连续一周报道此事，美国之音也做了报道，并且法国国际广播电台电话采访了我，也联系了陕西几位作家做了电话采访。之后，有人寄来台湾《联合报》，上边也发了消息。国内发表消息的多是文学专业报纸，一般人多是收听了法国台和美国台后得知的，于是十多天里，我不断收到一些报刊社、作家、读者来信来电的恭贺，且大都对国内报道时不提"废都"二字表示不满。但对于我，这已经十分十分地满足了，能将此消息发出，我感到了温暖。在众多的贺电贺信中，我得提及两位特殊人物，一位是法国文化和联络部部长卡特琳·特罗曼的贺电，电文是："谨对您的小说《废都》荣获费米娜外国文学大奖表示最热烈的祝贺。相信这部杰出的作品一定能够打动众多的读者。"一位是法国驻华大使皮埃尔·莫雷尔的贺信，信文是：

欣喜地获悉您发表在斯托克出版社的长篇小说《废都》荣获费米娜外国文学大奖。费米娜文学奖创立于一九〇四年，是法国最有权威和盛名的文学奖之一。在此我谨以个人的名义，对您获得的殊荣表示祝贺。其实在评委尚未表决之前，评论界已经广泛地注意到您的作品。相信它无论在法国或在世界其他国家都能获得青睐。我希望您的小说能由于您在法国取得的成功，得到更多中国读者的喜爱。我非常希望能在法国驻华大使馆接见您，以便使您的光辉成就得以延续，并通过此开创法中文学交流的新局面。谨请贾先生接受我崇高的敬意。

对于法国文化和联络部部长和法国驻华大使的贺电贺信，我不知怎么办，除了分别给予他们回信感谢外，觉得法国政府如此重视，不给组织说不是，给组织说也不是，考虑再三，给中国作协领导人去了一信，说明了情况。几天后，张锲同志来电话，说翟泰丰同志因病住院，让他给我复信，但信无法写，故打电话,主要讲两层意思:一、表示祝贺;二、你不知怎么办,我们也不知怎么办,你自己处理,最好向当地领导请示一下。这样的答复既是朋友式的祝福,又是上边一级领导为难而又聪明的处理意见。我考虑西安市领导可能也是如此态度,若让领导尴尬,倒不如不去请示了,就自我处理。于是我给法驻华大使去信说明我一时去不了北京。几日后,大使馆来了电话,通知说大使十二月十五日来西安,希望我能在西安接受大使的接见。法国是文学艺术大国,法国人如此客气地对待一个普通的外国作家,这令我几多感慨而深深地表示敬意。

十一月十四日,西安地区文学界的朋友百多人,以民间的形式在市北郊的桃花源休闲山庄召开了"贾平凹小说创作座谈会"。这次会议,是一些文友提出的,我曾反对,认为太张扬了,他们不让我管,便由企业家也是乡党的章功孝出资,筹办一个"贾平凹荣获法国费米娜文学奖庆贺酒会"。后听他们说,有人担心起这个名字无法在报上发消息,又太刺激有关方面,遂改名"创作座谈会",来的人皆不论行政职务,仅以朋友身份。没想原准备二三十人,得到消息后人来到百多位,几乎是陕西的评论界、作协、大学中文系、各报文艺部的全部头面人物,来者皆十分激动,发言热烈而极有水平。这些人,在《废都》出版当初,都为《废都》写过文章或发表过意见,现在重新评说《废都》,又有新的感受和话题。会议一直开到中午近两点才结束,主持人肖云儒先生也感叹久时没开过这般高质量的座谈会了。会后，数家报纸做了报道，《西部文学报》集中了大半版发了报道，又刊登了法国文化和联络部部长、驻华大使的贺电贺信，我的发言，李国平的《贾平凹：一个具有国际影响的作家》一文。此报出版后，外地来电来信祝贺者更多，而陕西的《军工报》《社会保障报》等以特稿形式披露了获奖内幕，山东、四川等地报纸也做了专门采访。

十二月十五日，法驻华大使来到西安，同时十三日吕华从北京来，谈了许多法国方面的事，他讲他曾在法国两年，平时与法国文学界、出版界打交道多，法国历来是看不起中国文学的，法国的书展上，日本文学的橱窗占地颇大，给中国文学留的门面极小，这次获奖，是为中国作家出了一口气，争了大光。而这期间，数次与安博兰通电话，她讲："您在法国几乎是人人都知道了的人物了！我近来特别忙，每日有记者采访或作家来询问您的情况，谈对《废都》的感受。"并告诉我，法国的《新观察》杂志每年评世界十位杰出作家，并一起在该刊十二期写同一题目的短文亮相，今年我列入其中。但要述写的小文名为《我的控诉》（沿用左拉的一篇文名），我担心国人对这个文名产生异议，故写了《我的话》，文章也反复考虑修改，以免引起不必要的误解。而法国方面坚持用《我的控诉》为文名，强调历来都用这个文名，所以我重新又写，写得十分谨慎，算交了差。十二月十五日晚,我,吕华,穆涛,袁西安按时到凯悦饭店见大使一行,吕华做法语到中文的翻译,大使带来的翻译把我的话翻译成法语,同时在座的有文化参赞和秘书。双方交谈了近两个小时,大使详细问了我生活、创作方面的情况,又谈了他读《废都》一书中一些人物、情节的感受,以及法国的文学界、出版界方面的事,说道:您现在在法国是一位有地位的作家了,出版社一定会继续出版您的作品的,如果您的近六十部书能全部介绍到法国,法国的读者则有幸了。他热情而又幽默。我说斯托克出版社已来信准备继续出版我的作品,法国文学是高贵的,我的书能得到法国文学界、读书界的认同,我很高兴,也深表谢意,请他一定转告我对评委会的敬意和问候。大使对于我没能亲自去领奖深表遗憾,欢迎我随时去法国访问,如果办签证,直接找他,他保证一小时内办完。最后,他送我一册精美的中法文对照的《从中国到凡尔赛》画册,在扉页上写道:"赠送此书给贾平凹先生,以作为我们今晚的亲切会见的纪念,并向您表示崇高的敬意!"又拿了他自己的法文版《废都》让我签名。我回赠了他一本中文版的《废都》和我的一幅书法。

  法国的文学艺术在世界上是极有地位的,法国人浪漫而重艺术,《废都》的获奖,又如此受他们重视,我一方面感到欣慰,但也同时感到一种悲凉。我的一位朋友,现移居北京,她当年是我的读者,曾为《废都》常与人辩论,她得知获奖消息后给我打电话,说:"这太棒了!那天夜里我几乎无法睡着,我无声地哭了,中国作家的书在国内遭禁而被外国文学界认可,我心里有说不出的一分痛苦。"她的话令我也心酸,但我笑了,说:"其实这已经很好了,是是非非我经见多了,只要我还能写作,只要有读者还读我的书,一时的荣与辱都无所谓的。"

此后,《中华读书报》刊登了一九九七年法国各文学大奖的获奖书目和作家介绍,其中自然提到了《废都》,虽然别的书和作家详细介绍,说到《废都》只一句,但这却是国家级报纸第一次披露了获奖的书名《废都》。再后,《文学报》约孙见喜撰写了长文《贾平凹,九七文坛独行侠》,分两期刊出,详细写了获奖的事。而我,经过一段惊喜和忙乱后,已恢复以往的平静了,治我的病,治孩子的病,写我的文章,活我另一番的人。

一九九八年一月

推荐马河声

我曾给王×推荐过马河声,王×没有回音,我又给张××推荐过马河声,张××说他们研究研究,但也没有了下文,我只得向您推荐马河声了。您上任后,我与您约定我绝不以私人事麻烦您,可马河声不是我的亲戚,也不是同乡、同学。如果再不向您推荐,马河声的问题在这个城里可能永远得不到解决,而我若不推荐,马河声则不会再有人肯推荐。因为马河声是个穷人,没有城里户口,没有工作单位,甚至三十六岁了,还没有娶妻成家。五年前我认识了马河声,我那时四十三岁,他三十一岁,我们都属相为龙,我正好大他一轮,我惊叹他是个人才,我们就亲近起来。数年的交往,马河声从未在我面前唉声叹气,知道我与您的关系也从未恳求过我向您提出他的困境。我们相处只是谈艺术,或展纸写字作画,每到饭辰他就走了,他拒绝我的吃请,因为吃请了就要请吃,他没钱邀我去酒楼,但我接受过他两次从家乡带来的花馍,他是让他母亲亲自做的,夏天最热的时候送给我一盘冰激凌,那是用钢笔画在一张纸上寄我的。我不推荐他,马河声依然是马河声;但我不推荐他,我的良知却时时受到谴责。从年龄和社会阅历上讲我当然算他的老师,从书画艺术的修养上他却应该称作是我的老师。我在二十五岁时就有了工作,生计问题基本解决,几十年衣食无忧一心搞写作方有了今日成就,马河声十多岁进城十六七年里漂泊不定,为生计奔波,直接影响着他的艺术的成功。偌大的城里,多一个领公家薪水的人并不可能使城市贫困,但少一个艺术天才却往往使城市显得空旷。多少单位人浮于事,到处的庙里有不撞钟的和尚,却有人才不去聘用,有天才难以发展,我不推荐马河声,我愧于我身在文化艺术的行当里,也怀疑我心胸狭窄嫉贤妒能,而推荐于您,您若以为区区小事,抓政治和经济工作太忙将此事束之高阁或忘于脑后,世人如果知道不会影响到您的声誉,损害您的形象。我了解马河声而不推荐马河声,您过后知道了马河声的事必定要怪我,我给您推荐马河声就郑重其事地向您推荐,所以不邀您出来吃饭,也不口头叙说,特意写成此信。那么,您就继续往下看,我说说马河声的具体情况了。

马河声是渭北合阳人。合阳地处高寒,缺水少雨,生产小麦玉米,人多刚硬厚重。马河声却性情浪漫,机敏能言。他初学楷书，秀美温润有江南习气，一出道就在行当内声誉鹊起，这也是他能在古城里生存下来的原因。至后，又开始习画，悟性颇高，所临明清小品，几乎与真迹难以分辨。若以如此手艺应酬各种社会活动，马河声绝对可以做个囊中有物、出入有车，一头长发满脸清高之士了，但马河声却突然在一个夜里撕毁了旧时所有作品，他来告诉我，他的天性里确实有秀的成分，而在一片赞扬中单一发展下去，是难以成就大作品的。他的这次改变，使许多人难以接受，却让我振奋不已！我鼓呼了他的豪华志向，也告诉他或许他是一棵丁香，但生在渭北，宽博深厚的人文环境苍凉浑茫的生存态势，丁香已经不再纤弱，若再有意识地增长自己的雄沉，必会成为大的乔木。雄而无秀则枯，秀而无骨则弱，能清醒地认识自己，及时调整自己，我对马河声从此多了一份敬畏。

如今的书坛画坛鱼龙混杂，且到处是圈起来的围墙篱笆，仅瞧瞧他们的名片，足以被其头衔吓倒，但若去看看那些展览，你悲哀的并不是这些"艺术家"，而要浩叹这个时代的荒芜来了。书画，尤其书法，原本是由实用而演变过来的艺术，古人恐怕是没有专门的书法家的，现在书写工具改变，仅仅以能用毛笔写字就称之为书法家，他们除了写字就是写字，将深厚的一门艺术变成了杂耍。正是基于对现状的不满，我们一批作家、学者和教授组织了一个民间性的书画社团，起名为"太白书院"，马河声就在其中。马河声虽不是作家、学者和教授，却长期与作家、学者、教授在一起,他也写作过许多文章,凭着他的年轻和热情,每次活动都是积极的策划者和组织者。更有难得的一点,他是出色的鼓动家,大家在创作时,他在旁极力煽情,往往使现场气氛轻松活跃,使创作者自信心大增,以至使大家在写字画画时总叫喊:河声,河声,你快来!

马河声的书画艺术已经相当地出色,但中国书画历来重视名人,马河声的书画,说真的没有我的书画卖得好。每当我们在一起,外人只买我的字画,我就有些不好意思。有人严厉地批评马河声不迎合市场,那就一直穷困潦倒吧,马河声终不动心,他说:名人都是从未名而有名的,书画能走向市场的有政坛上的书画家,有从事别的艺术门类的书画家,但也有纯以书画成为大家的书画家,我既然纯搞书画而未成大名,那是我的作品还不行的原因。他坦然地面对着永恒和没有永恒的局面,潜心创作。他租住了一间很破旧的房子,购买的书沿着四堵墙往上垒,而让我题写了斋名:养马池。夏天里我去过一次养马池,房间热得像蒸笼,没有空调,一台电扇已经不能摇头,他只穿了一件裤头在挥汗作画,而茶几上零乱地摆着碗筷茶缸和方便面。我见此情景,感慨良久,想中外书画史上,有多少奇才在出道时十分艰难,却总有些富豪有意购买包装,将其推入市场。但是,现在能看出马河声潜力的人不多,能看出的如我,却不是富豪,我只能今日以二百元买他一只《寒鸟》,明日五百元买他一幅《山水小品》,

这点零钱又能买几顿饭几刀纸呢?

世人多人云亦云,常常莫名其妙地使砖瓦被人争,金银遭抛弃,而即使一个真正的天才,也都有锦上添花者众,雪里送炭者少。中国正处改革,多种体制并行,以致出现人的贵贱贫富并不以能力而决定于供职的单位,如果马河声不是出身于农家,有一个单位有固定的收入、分配的房子,他是一棵树,会早在数年前就长粗长大,但现在只能艰艰难难地弯弯曲曲地长他的树了。这树肯定还能长大,我们何不在他生长期浇水施肥,而却要在他多少年后长大了才说这是一棵好树啊?!历史当然是劳动人民创造的,但文字记载的,即为青史,却往往是帝王将相、才子佳人。作为一任领导,抓政治抓经济抓治安是基本的工作,可综观全国,这个古城要在政治、经济、治安诸方面几年间成就显赫、跃入国内前列,那是不现实的。一个城市应有一个城市的特点,古城是文化城,发展文化就得有人才,一任领导在职不过一届两届,与其在别的方面花尽力气而成绩平平,不如抓住几个人才推出,这也不妨是为官为政的一条有效举措吧。

因珍惜马河声,我的推荐情真也易于过激,不免有胡说八道之嫌,恕能谅解,更盼有回音。若半月内亦无消息,我就摆饭局请您了。

关于写作

——致友人信五则

之一：从"我"走向"我们"

一个人的生存经验来自他的生存方式，读你的作品，我尽量地去理解，但我不得不说，三月二十日寄来的那篇小说，我读了一半就放下了。"一个女人最大的悲哀在于穿了一件不合体的裙子"，这样的句子像我这样的人无法接受。国家的发展是因地域差距着，又有各种不同的阶层，可毕竟都是中国，再大的生活差距我应该是大致知道的，不至于有那样的女人吧。即使有，写那样的生活，读者又会有多少呢？国家正处于大变革时期，现实生活为作家提供了丰富的写作题材，任何人都可以自由地选择自己有兴趣的题材。可是，你要明白，真正的大题材往往是在选择着作家的，如果大题材选择你，你也就是有使命的、受命于天的作家了。我遗憾的是你总那么不热衷现实生活的题材,多是坐在书斋里空想,刻意你以为的新奇。从"我"出发,无可厚非,但从"我"出发要走向"我们"呀,你从"我"出发又回到"我"处。文学价值诚然是写人的,要写到人本身的问题,而中国的国情是正处于社会转型期,大变革着,人的问题是和社会问题搅在一起的。而且,不管什么主张,用什么写法,目的都是让我们更接近生活的本真,现实生活本身就具备了技巧,刻意求新,反而很难写出真来。

关注现实,在现实生活中我们才可能更本真,更灵敏,也更对现实发展有着前瞻性,也才能写出我们内心的欢乐、悲伤、自在或恐惧。作品的张力常常在于和社会的紧张感,也可以说,作家容易和社会发生一些摩擦,这不是别的,是写作的职业性质所决定的。但是,你推荐的那部书稿,多少存在着一些误区,它太概念化。在作品中一旦不放下概念,不放下自己,就带上了偏见,我读到的就是些偏见。它可以说恢复了一些历史事件,却并没有还原到文学。对于现实生活,有各种写法,我不大喜欢那种故意夸张乖戾的写作,那样的作品读起来可能觉得过瘾,但不可久读,也耐不住久读。我主张脚踏在地上,写出生活的鲜活状态。这种鲜活并不是就事论事,虚实关系处理好,其中若有诗性的东西,能让生命从所写的人与事中透出来,写得越实,作品的境界才能越虚,或称作广大。

我常常问，我为什么写作？为谁写作？这问题很大，我也说不清，好像是为写作而生的。其实这很可怕，我感到我周围一些朋友，当然也包括我，常常是为了出名，为了版税，为了获奖去写，写作就变成了一种委屈。我见过一些画家，只画两种画，一是商品画，一是参加美展的画。商品画很草率，不停地重复，而参加美展的又是特大的画幅，又都去迎合政治和潮流。我想到这些画家，就难免替自己担心。我有一个朋友，其作品写得很好，却从不宣传、炒作，是无功利心地写作，写好了最多是放在自己的博客上，我读她的作品就自惭形秽。我有体会，当年写《废都》和《秦腔》，写时并不想着发表出版，完全是要安妥我的，写出后，一些朋友读了鼓动登出来，才登了出来。这样的作品虽可能产生争议，给自己的生活带来许多麻烦，可读的人多些，且能读得久些。反之，我一旦想写些让别人能满意的作品时，作品反而写得很糟。

之二：好好说你的话

一碗饭，扒拉几口，你就知道这饭是咸甜辣酸，还是已经馊了。文章也是这样，它是以味道区别的。学书法的人很多，讲究临帖，临王羲之的，临颜真卿的，字都写得蛮不错了。可我们常常看到这种情形：在哈尔滨的书展上看到有人的作品，在广州的书展上同样看到，在上海在西安的书展上也同样看到，它们像是一个人写的。那么，这样的书法家我们能记住是谁吗？这一点，你介绍的×××或许明白。从他的小说里，能看出他一心要有自己的色彩和味道，问题是他看见别人做酒，他也做，却做成了醪糟，又做成了醋，最后成一罐恶水了。

什么树长什么叶子，这是树的本质决定的，不指望柳树长桐树的叶子，只需要柳叶长得好，极致地好。×××的小说，我之所以不满意，仅小说的语言读着就不舒服。为什么连续用短句，一句又都是句号，就像登一段阶距很小的楼梯，使不上劲，又累。语言的功能是表现情绪的，节奏把握好了，情绪就表现得准确而生动，把握节奏又绝对与身体有关，呼吸就决定着节奏。如果×××是哮喘病人，我倒可以理解他使用短句和句号，如果不是，他是模仿那些翻译小说，或者片面理解"形式即内容"的话，那他老用这样的句子就容易使他患哮喘了。学习别人，一定要考察人家本质的内在的东西，老鼠为什么长胡子，蛇为什么有竹的颜色，狐子为什么放臭气，那是自下而上实用的需要，否则，东施效颦，不伦不类。

小说，就是说，好好说你的话。

之三：要控制好节奏

××可能近日要去你那里改他的那个长篇，他之所以到你那里去，一是你那里清静，二是许多素材都是你提供的。我想就他这个长篇的初稿,跟你谈谈我读后的一些看法。

小说的故事非常好,但他没写出味道来。怎么能举重若轻,以这个故事举起一个时代是一个大问题。他一写长东西,总是控制不好节奏,不是前边精彩后边散气,就是这一章不错,另一章又乱了。咱们在乡下为人盖房时有这样的经验,地上的人往上抛瓦,房上的人接瓦,一次五六页一垒,配合得好了,一抛一接非常省力和轻松,若一人节奏不好,那就既费劲又容易出危险。唱戏讲究节奏,喝酒划拳讲究节奏,足球场上也老讲控制节奏,写作也是这样呀。写作就像人呼气,慢慢地呼,呼得越长久越好,一有吭哧声就坏了。节奏控制好了,就能沉着,一沉就稳,把每一句每一字放在合宜的地位——会骑自行车的人都骑得慢,会拉二胡的弓子运行得趁——这时的写作就越发灵感顿生,能体会到得意和欢乐。否则就像纸糊的窗子在风中破了,烂声响,写得难受,也写不下去。当然,沉稳需要内功,一个人的身体不好,不可能呼气缓长。我知道××目前的状态,他是看见周围的人都写出有影响的作品了,他心里急迫,他往往准备不足,又好强用狠,肯定笔躁。再一点,那些素材怎么够完成一个长篇的写作呢?厨房里就那么些菜,怎么会七碟子八碗摆上一桌?

我本想和他谈谈,但他心劲正高,我和他又不甚熟,怕影响他的情绪。我知道在写作中情绪是不能影响的,运动员在场上只能喊加油,不可呼倒好。而你与他熟,啥话都可以说,你可一方面指出他的毛病，帮他控制节奏，再是尽量多提供素材，让他手头宽裕，三是如果可以，劝他写成中篇最好，或许能遮掩他的一些缺陷。

此信不必让他看。

你能来我这里吗？咱们再就这些问题沟通沟通，以便你更好地帮他。另，你爱吃羊肉泡馍，可你绝对没吃过萝卜泡馍，那是将萝卜片炖烂后，混入羊肉泡馍中，佐以酱辣和糖蒜，还是属于小炒类，味道极好，又易消化。这家饭馆我十天前才发现，在一条避背巷中，你几时来，我请你吃去。

之四：精神贯注

春节后的第一封信就写给你。

从元月起我一直在开会，过了春节，还要开会，可能四月前都在会上忙着。我是市人大代表，又是全国政协委员，各级的会议不能不参加。但当官的开会是他们的工作，而我开完会后自己的业务还没有干呀！到了咱们这般年纪，时间太重要了，所以我写了一个条幅挂在书房：精神贯注。我的意思是，时间和身体不可浪费，作文每有制述，必贯之神性。

中国有许多词的解释已失去了本意。过去我们在文学上也强调精神，多是政治概念，文学是难以摆脱政治，恰恰需要大的政治，但那时强调精神，往往使文学成为一种宣传，作品容易假大空。我所说的精神贯注，是再不写一些应景的东西，再不写一些玩文字的东西。年轻时好奇，见什么都想写，作文有游戏的快乐。现在要写，得从生活中真正有了深刻体会才写，写人写事形而下的要写得准写得实，又得有形而上的升腾，如古人所说，火之焰，珠玉之宝气。

你我从事文学差不多三十年了，到了今天这地步，名利都有，生活无忧，最担心的是没有了动力，易写油写滑，而外界都说我们的文笔好，我们也为此得意，但得警惕陶醉在文笔之中忘却了大东西的叙写。你是非常有灵性的作家，我还得劝你，不要再多读那些明清小品，不要再欣赏废名那一类作家的作品，不要再讲究语言和小情趣。要往大处写，要多读读雄浑沉郁的作品，如鲁迅的，司马迁的，托尔斯泰的，把气往大鼓，把器往大做，宁粗粝，不要玲珑。做大袍子了，不要在大袍子上追究小褶皱和花边。

近日看央视的百家讲坛，马未都在讲收藏，我记住了他所说的一句话，他说艺术的最高境界是病态。不知这话是他发现的还是借用他人的，这话初听好像有点那个，但有道理。试想想，文学也是这样，堂吉诃德，阿Q，这样的人物都是病态的。换一句话说，这样的作品和作品中的人物也正是贯注了精神的，这种抽象是从社会、时代里抽出来的。如果敏感的话，社会、时代的东西往往在一个人身上体现出来。作家要长久，就看能不能写出这样的人物来。

春节期间,晚辈来拜年,都在说要以身体为重,不必再写,或者轻轻松松地写。他们是以他们的角度来关心,但碌碡推在半坡怎能不使劲呢?我之所以新年第一封信给你,谈的仍是文学上的事,因为身体固然重要,写作更是活着的意义,而你又是在写作上有野心的人。

之五:不要写得太顺溜

真不凑巧,你来找我,我却去了终南山。你和×××的稿子我大略都读了,直接地说,我不太满意你们的叙述。×××太注意描写,描写又特别腻,节奏太慢,就像跟着小脚老太太去赶集,硌硌拧拧半天走不前去。为什么老去关注山岳表面上的泥土怎样脱落流失,可山岳能倒塌破碎吗?而你,我又觉得写得太顺溜了。那年我去合阳一带看黄河,当时是傍晚,云压得很低,河面宽阔,水稠得似乎流不动,我感叹是厚云积岸,大水走泥,印象非常深。大河流水是不顺溜的,小河流水要它流得有起伏,有浪花和响声,就不妨在河里丢些石头去。我的意思是,文笔太顺溜了就要让它涩一点,有时得憨憨地用词。

现在很有一种风气,行文幽默调侃,但太过卖弄了就显得贫和痞,如果这样一旦成了习惯,作品的味道就变了,也可能影响你写不出大的作品来。

我也想，为什么你会是这样呢？这当然与你的性情有关，你反应机敏，言辞调皮，和大家在一起谁也说不过你，这种逞能可能影响你只注意到一些小的机巧的东西，大局的浑然的东西反倒掌控不够。有些事不要太使聪明才情，要养大拙，要学会愚笨。平日说话，大家都不屑夸夸其谈，古语道：口锐者天钝之。写文章也是说话，道理是一样的。再者，你的节奏少变化，高低急缓搭配不好。

作品的立意是不错的，但你急于要衍义立意，唯恐别人体会不来，这样就坏了。在大的背景下写你的小故事，从人生中体悟了什么，仅有深意藏矣即可，然后就写生活，写你练达的人事。写作同任何事情一样都要的是过程，过程要扎实，扎实需要细节，不动声色地写，稳住气写，越急的地方越不能急，别人可能不写或少写的地方你就去写和多写，越写得扎实，整个结果就越可能虚，也就是说，作品的境界就大。反之，境界会小，你讲究的立意要靠不住，就会害了你。

你留言说这部初稿有的章节你写得顺手，有的章节写得很艰难，这我也能读得出来。其实这是我常遇到的事，我的办法是，每当写得得心应手时就停下来，放到第二天去写。这样，在第二天一开始就写得很快乐，容易进入一个好的状态。你不妨试试。

读诗能耐热

××先生：

今夏大热，多年不生的痱子已遍布脊背，虽装有空调，扇出的风依然不凉。狗在屋角里吐着舌头，长卧不起，窗外的那棵柳树也干枯了三股枝叶。这等天气，如火如荼，你那么个胖身子，又是急脾性，真不知你是如何熬受的。原定的要邀你去终南山，只因诸多家务纠缠，终未成行，实在抱歉。今日小施前去有事求你，便托带一包茶和一卷诗稿，望能收下消暑。

茶是竹叶茶，我故乡所产，虽味道涩苦，形状也粗糙，但故乡农人长夏里都喝这种茶清心醒脑。如若喝竹叶茶仍不祛燥，你可读这一卷诗稿。读诗能耐热，这是我的秘密，不可告知他人，但切记，需要慢读，慢读即可安灵，灵魂安妥，酷暑便是清凉世界。

诗稿是汉中一位女子写的，人我是见过两次，有形有态，端庄沉静，略带忧郁之色。文坛从来少美人，有才情的大多长相平平，她可谓人诗俱清。我是以前读过她的古体诗词的，那么厚一大册，别人转给我的时候，我以为是谁手抄了的古本，那些诗词的思维、意境、情调，以及遣词用句使我着迷。后来当知是当今的一个汉中的女子所写，着实让我吃了一惊！记得那日寒冷，我居住的小区里有一面坡，雪落得很厚，所有的梅花都开放了，我在梅林中转来转去，想那汉中我也是去过的，那么个偏远的地方怎么会产生这样一个人呢？我总以为见到那些和尚道士可以让我瞬间里错乱时空，而这女子，马迎春，莫非是从宋朝来的？

今春我到留坝开会，会期去汉中参观一天，因为有她生活在这座小城，便觉得小城有花皆能语，无树不生香。当然想见她一面，又怕见了坏我的想象，犹豫再三，最后还是约她在江畔的茶棚里喝了一个小时的茶，同行的文友莫不惊艳。我当时还自以为是，说时下的尘世，像她这样冷静的人不多，能写出这样澹涵高远的诗词少见，那就永远活在那种古意中吧，宁愿穷些，可以不成俗名，自在着的一朵花，生命里红绿自染，以免灰尘蒙污和风雪摧残。但我离开的时候，她却说她还写着现代诗，几时了寄一些给我，我说：是吗，是吗？匆匆就走了。

我回到了西安，她久久没有诗稿来，我还庆幸她的话不是真的，因为她这样的人能写出怎样的现代诗呢？而在天已大热的日子，她来西安办事，给我带来了这卷诗稿。××先生，你能想象得到吗？我先是站着漫不经心地翻读诗稿，读着读着，竟不能自已，就那么站着，一气儿读完。这确实是现代的诗，其现代的意识，其现代诗的结构和节奏……我太不懂得一个女人了，太不懂得一个人的才情能量了，我那一个小时是越读越快，囫囵囵地读，犹如肚子很饥的人见到了饭菜，狼吞虎咽，大有那种肚子已经饱了嘴里还想再吃的贪婪。

　　她是神秘的，或许是那种"观海难为水，知音犹抱琴"的人，虽然我一直赞叹，她依然腼腆，依然话少，稍坐一会儿就又匆匆离去。我看着她消失在车水马龙的街上，便幻想街是洛水，甄氏飘然而逝。她走后，天气更加炎热，我每日都翻翻这卷诗稿，但已经不多读了，就那么一首两首，慢慢地品，像老牛在反刍。

　　现代的诗，我不敢说读得很多，但总是知道外国的一些诗，而中国的如北岛，如于坚也读过大部，她的诗当然与那些优秀的男性诗人在格局上稍逊，可她绝对是别一种痛痒。优秀的男性诗人的诗可以让我长啸，她的诗却使我常常意会到了什么总无法说出，心里发颤，或闷在那里发呆，或止不住地一个微笑，或蓦然回头，恍惚间看见书案上怎么就有了一束玫瑰？她的诗柔而不媚，活泼泼的，意象奇美，自张爱玲以后，有这种感觉的女人委实少见了。如此读过了近一个月，我差不多能记住其中几十首的意境，也背诵了不少的段落和句子。我有时还真害怕我看错了眼，便给来我这儿的朋友们念她的诗，他们都是目瞪口呆，连连说好，我才放下心来，才敢推荐让你读的。你虽不写诗，但你鉴赏力高，我自信你会喜欢这卷诗稿，也估摸你要提出许多疑惑，是的，这就是我要说的另一层意思了。我何尝不疑惑呢，我读完了这卷诗稿，不止一次地琢磨诗的后边，这个女子的情怀和品性。这些我全然不知，而她又活活地在诗后站着，她不是轻狂的，不是扭捏的，也不是厉鬼和野狐，善良、优美、沉静而忧郁，敏感而孤独。我甚至怜惜，她是如何过平常人的日子呢，那么敏感多情，在这纷杂的尘世会不会受到伤害呢？她是晨雾中草尖的露珠，是向晚天边的一抹红云，她才这么忧郁而幽深地吟唱吗？于是又想到一池水塘，深水静流，底下是淤泥，而淤泥里款款着一柄荷花。也正是这种生命里的纯净和高贵容易受到污染和伤害，才是她诗的存在意义吗？是了，日没足能过隙，风无形而可扶，玉是软玉，雪是温雪，它不是万千气象的沧海六鳌，却也是青天一鹤，足够了精神。

　　胡适说过，读书可以忘掉打麻将，打麻将可以忘掉读书。我就在这个夏天慢慢地读这一卷诗稿忘记了炎热。现我把诗稿托带给你，若你真能读进去，与我同感，也祛了燥热，就请掷一纸过来，咱们商量着，能否帮她把这卷诗卷交给某家出版社出版。这虽不是她的意思，但天地间既然已有了这卷诗稿，何不让更多人读到呢？阅读的如莲喜悦现在可是那么的少了。

二〇〇四年七月十八日夜

《天气》序言

——给责编的信

已经是十多年了,我都忙在几部长篇小说上,散文就写得很少,虽然拒绝了许多出版社给我出散文选集的要求,但仍因种种原因推辞不了,出了几本,仍都是有几篇新作而大部分还是旧作。这种情况真的让我不满意,发誓再不允许任何人去编,一定要等新作的篇目达到应有的数字了,自己亲手去编。现在,就有了这本《天气》。

《天气》里的文章都是长篇《秦腔》《高兴》《古炉》完成之后的间隙中写的,内容可能杂驳,写法也不尽一致,但若细心了,便能读出我写完每一部长篇小说后的所行所思和当时的心境的。小说可能藏拙,散文却会暴露一切,包括作者的世界观、文学观、思维定式和文字的综合修养。我以前研读别人的小说,总要读他小说之外的文章,希望从中寻到一些关于他的规律性东西，我现在编《天气》，又这么说，我把我的衣服就撕了。

上个世纪八十年代，是我写散文最多的时期，现在入选到中小学课本上的那几篇，《读者》等一些杂志不时选登的也都是那时的作品，许多人来信或遇着了交谈，还在说那一段散文的好话，希望我多写。我只是笑笑，说："对不起，我不会那么写了，我也写不出来了。"春天有春天的景色，秋天是秋天的风光，三十多岁的我和快要六十岁的我决然不是一回事了。我的性格别人不大了解的以为是温顺，其实很犟的。记得上世纪八十年代末，一些人说我散文写得比小说好，我说那我就不写散文了，专门去写小说。也就是从那时起，散文开始少了起来。以现在的年龄上，如果让我评估我的散文，虽不悔其少作，但我满意我中年以后的作品。年轻时好冲动，又唯美，见什么都想写，又讲究技法，而年龄大了，阅历多了，激情是少了，但所写的都是自己在现实生活中真正体悟的东西，它没有了那么多的抒情和优美，它拉拉杂杂，混混沌沌，有话则长，无话则止，看似全没技法，而骨子里还是蛮有尽数的。这话真不该我来说，我说了，我的意思是我对散文的另一种理解。人站在第一个台阶上不明白第三第四个台阶上的事，站在第三第四个台阶上了却已回不到第一个台阶去。读散文最重要的是读情怀和智慧，而大情怀是朴素的，大智慧是日常的。

不多说了，但愿你能喜欢这些散文，也但愿书出版了，读者也喜欢。

二〇一一年四月十二日

致林建法的信

《带灯》在二〇一三年元月出版后,我始料不及的是社会反响能那么强烈。近日读过了许多业内的和行外的读者评说,可以说写作三年来的惊恐得到抚慰,被理解的感觉如镜中开花。有一个读书人,是外地的,他来西安办事,想方设法寻到了我,和我一个下午都在说《带灯》,他说故宫里有个匾额写着"诸神充满",而《带灯》里则有着种种意象,他喜欢着这些意象。于是,他逐一点击那些彰显的和弥漫的、隐喻的和暗示的,于文字之间或者文字之后,我要说的、我想说的、我欲说还休又欲罢不能的话。小时候我在乡下,傍晚常在田埂遇见狗,狗夹着尾巴跑起来,但那并不是狗,一经喊出:狼!狼就立即拖长尾巴逃了。我就觉得我是那尴尬的狼。那天,我和他谈得最多的还是文化背景的问题,这也是我服气他,而与他待了一下午的原因。我觉得文化背景的问题很重要，所以就想将自己的一些认识再说给你，得以交流和求正。

古人讲，仰观象于玄表，俯察式于群形。这是我们活人的总的法则。《带灯》里的带灯是中国社会最基层的一级政府工作人员，这一级政府工作职能在很长一段时期内是寻找新的经济增长点和社会维稳。这两项工作使带灯深受难场，她每天面对的是泼烦、焦虑、痛苦、无奈和辛劳，地位的地下，收入的微薄，又得承受上责下骂，如风箱里的老鼠。她在这样的环境里完全凭着精神的作用在支撑，支撑的或许是信仰，是向往，是爱情，是虚幻，甚至只是一种倾诉和宣泄。这就有了她一次一次给元天亮的手机短信。我对这样的带灯充满了敬意，又哀叹着她命运里注定的悲惨。正如书中的带灯在说：她是佛桌前的红烛，火焰向上，泪流向下。佛桌前的红烛是庄严的，带灯是地位低微，但她是国家干部，在为国家服务，是国家各项政策通往广大农民的河面上的桥板和列石。书中所写的种种事情，有着阴暗和残酷，但绝不是胡编乱造，它来自生活，是从藏污纳垢的土地上长出来的一片杂草，或是从地面沙尘腾浮的雾霾。这就是写当下现实社会的艰难之处，画鬼容易画人不容易。它不能凭空想象，它不讨好。除了有一贯的勇敢，它并不是在做调查报告，它是文学作品，文学作品就要有文学味。

那么，为什么在写当下的现实社会又是选择了一个乡镇的日常事务工作,让带灯搅入其中处理那么多的棘手和难堪的事?我想要说的是,围绕在带灯身边的故事,在选择时最让我用力的是如何寻到这些故事的特点,即中国文化特有背景下的世情、国情、民情。我知道在中国改革开放深入时期,在社会大转型时期,社会矛盾前所未有地出现,人性的恶与善也集中爆发,也有了激烈的"左派"和"右派"的争论。在《带灯》中,可能"左派"能寻到攻击"右派"的依据,"右派"也能寻到依据攻击"左派"。我强调的是,中国基层社会出现的种种矛盾和人的各种行为,它是带着强烈的中国文化特点的。人类都在寻求新的发展,每个国家都在改善,寻找适应自己的发展道路,而中国的情况既不同于中东、非洲,也不同于东南亚和欧洲、拉丁美洲。中国人的人际关系和处世的思维决定了中国在社会大转型期的所有矛盾特点。顺着这个思路和角度去参考当下的中国,或许有许许多多的解法,或许一时仍是无解,但关注它,思索它,这是最重要的,任何极端地以西方思维和以专政思维去理解和处理都是难以适应的。正是寻找着中国文化特点下的背景和环境,带灯所在的樱镇才发生着种种矛盾纠纷,她也在其中纠结着,挣扎着,撕裂着。可以说,我们的国家面临着深入改革的大的机遇,也面临了很大的困境,而如何面对着这种困境和如何走出困境,这一切,都是为人类发展提供着一份中国的经验。

张载说:为天地立心,为生民立命,为往圣继绝学,为万世开太平。做人要大境界，为文也要大境界。以文观察世间，勇敢担当，让别人眼里看着有些荒唐，于自己却是严肃，真实地呈现社会，真诚地投入情感，认真地对待文字。

二〇一三年一月二十日

生活一种

——答友人书

院再小也要栽柳,柳必垂。晓起推窗如见仙人曳裙侍立,月升中天,又是仙人临镜梳发;蓬屋常伴仙人,不以门前未留小车辙印而憾。能明灭萤火,能观风行。三月生绒花,数朵过墙头,好静收过路女儿争捉之笑。

吃酒只备小盅,小盅浅醉,能推开人事、生计、狗咬、索账之恼。能行乐,吟东坡"吾上可陪玉皇大帝,下可以陪卑田院乞儿",以残墙补远山,以水盆盛太阳,敲之熟铜声。能嘿嘿笑,笑到无声时已袒胸睡卧柳下,小儿知趣,待半小时后以唾液蘸其双乳,凉透心臆即醒,自不误了上班。

出游踏无名山水,省却门票,不看人亦不被人看。脚往哪儿,路往哪儿,喜瞧巉岩钩心斗角,倾听风前鸟叫声硬。云在山头,登上山头云却更远了,遂吸清新空气,意尽而归。归来自有文章作,不会与他人同,既可再次意游,又可赚几个稿费,补回那一双龙须草鞋钱。

读闲杂书,不必规矩,坐也可,站也可,卧也可。偶向墙根,水蚀斑驳,瞥一点而逮形象,即与书中人、物合,愈看愈肖。或听室外黄鹂,莺莺恰恰能辨鸟语。

与人交,淡,淡至无味,而观知极味人。可邀来者游华山"朽朽桥头",敢亡命过之将"××到此一游"书于桥那边崖上,不可近交。不爱惜自己性命焉能爱人?可暗示一女子寄求爱信,立即复函意欲去偷鸡摸狗者不交。接信不复冷若冰霜者亦不交,心没同情岂有真心?门前冷落,恰好,能植竹看风行,能养菊赏瘦,能识雀爪文。七月长夏睡翻身觉,醒来能知"知了"声了之时。

养生不养猫,猫狐媚。不养蛐蛐,蛐蛐斗殴残忍。可养蜘蛛,清晨见一丝斜挂檐前不必挑,明日便有纵横交错,复明日则网精美如妇人发罩。出门望天,天有经纬而自检行为,潮露落雨后出日,银珠满缀,齐放光芒,一个太阳生无数太阳。墙角有旧网亦不必扫,让灰尘蒙落,日久绳粗,如老树盘根,可作立体壁画,读传统,读现代,常读常新。

要日记,就记梦。梦醒夜半,不可睁目,慢慢坐起回忆静伏入睡,梦复续之。梦如前世生活,或行善,或凶杀,或作乐,或受苦,记其迹体验心境以察现实,以我观我而我自知,自知乃于嚣烦尘世则自立。

出门挂锁，锁宜旧，旧锁能避蟊贼破损门，屋中箱柜可在锁孔插上钥匙，贼来能保全箱柜完好。

我见到的孙犁

上世纪八十年代初,我到天津去领一个文学奖,出版社的人领我去见了孙犁。天津至今就去那一次,孙犁也是我唯一登门拜访的作家。孙犁的家是个大房子,并没有隔间,几个书架子也不高,后边有张床,前面有张桌子,他就坐在藤椅上。我那时把孙犁奉若神明,进去就紧张了,脸上老出汗,没敢去坐。孙犁说:坐呀坐呀。拿了凳子让坐到他跟前,又倒了一杯茶。说了一阵话,都是他问几句,我答一句,表扬了我的散文,我又脸上出汗。约莫一个小时吧,他好像要启发别的人走,说:你就在我这儿吃饭吧。我还迟疑,出版社的人说:呀,我们跟了他十几年,从没留我们吃过饭。孙犁只是笑,果然也没说让他们一块吃的话。

那顿饭是饺子,我记得后来来了一个妇女,估摸是只来做饭的保姆，孙犁给她掏钱，说：吃饺子吧，买点好肉。那时候请客不兴去街上饭馆，吃饺子是高规格。那保姆出去后，孙犁又开始说我的小说和散文，笑多起来，他的笑声很高。后来又送我了他的一本书，写了一张条幅。等饺子端上来，那保姆就再不见了。他拿出酒，他喝了一大杯，我也喝了一大杯，还要让我喝，我说我酒量不行，我吸烟，他的是云烟，比我的好，我先后吸了五支。

那时候，文坛有着孙犁的许多传言，这些传言都是有关他的性情的，见过了他，倒觉得他对我爱护有加，但我也仍是怕他，就像我父亲直到去世前我还一直怕他。而我纳闷的是他怎么就住那样的房子，房子里没有什么家具和摆设，很简陋，仅一个人，有些空旷。

几十年过去了，我也活到了当年孙犁见我的那个年龄，常常想起那个房子，就体会到了他那时的生活状态。当一个人从事了写作，又有了理想，他是宁静的，宁静致远。而宁静惯了，就不喜欢热闹和应酬了，物质的东西也都是累赘了。他浸淫在自己的文学世界里，别人便可能看作是孤僻，他需要身心自在，别人便可能看作是清高。这样的人都善良，澄怀无毒，却往往率真，眼里不容沙子，要么不开口，要么开口就可能有得罪，引起误解。

孙犁是为文学而生的，生前就待在那个空房子里，别人怎么说就怎么说去吧，他只全神贯注于文学，只是写他的书。福楼拜说过：要像写历史一样写普通人的生活，不要试图使你的读者哭、笑或者恼怒，而要像大自然一样使他们插上梦想的翅膀。孙犁的书就是这样，所以他的书长留在世上。

一匹骆驼

一九八三年秋天,西安的雨特别多,哪里也不能去得,古老而完整的围城里,日子过得闷闷的。到了十月,天津搞散文评选,获奖通知里有我的名字。妻很高兴,说:"你不是老念叨那里吗?这下逢机会了,公私兼顾,你可以去见见孙犁了。"我说:"是的。"脸子就涨得红红的,几天里慌得捉不住事做。出门的日子越来越近,我却胆怯起来。我形象猥琐,口舌木讷,平日很少往大城市去,更绝无拜见过什么名人,听说天津街道曲折,人又欺外,会不会在那里迷失方向,遭人奚落呢?再说去见孙犁,又怎么个言语呢?妻骂了我一顿窝囊,自个就收拾起我的行李,带了家乡的葡萄酒、木耳、核桃。东西已装好了,我取了出来,说送这些东西,虽是家乡山货,但都是口吃之物,未免有些那个,我怎么好意思在人家面前掏呢?妻便又说:"那就把玉石枕头带上吧。"这是一件长长的玉石凿成的物件,冬枕不凉,夏枕消暑,能治头痛眼热,她的父母早些年里给儿女分家,物意留给她一件做纪念。我就笑了:"这成什么体统呀,你视它是传家的宝贝,可于别人那就是一块冷石头了,何况那是乡下人用的东西,大城市里哪会用上?"妻是刚从乡下搬进城来不久,什么都以乡下人走亲戚待客的规矩准备。她就为难了,说:"你们这些文人,这也庸俗了,那也逊眼了,人家老老的人,你莫非空手去吗?"我蓦地记起在一张孙犁的照片上,看见过他身后的墙上挂着一幅骆驼的画,就说:"带一件唐三彩的骆驼吧,唐三彩有咱秦地的特点,骆驼又是老人喜爱的形象,岂不更有意思吗?"妻便依了我,小心翼翼将书架上珍藏的一匹瓷质的骆驼取下来,用绸子手帕擦了灰尘,一边包裹,一边说:"这使得吗,这使得吗?"

十月二日,妻按乡下的风俗,包了饺子给我吃了,亲自送到车站,帮我拉了衣襟,叮咛勤勤注意把衣领整好。上车了,还说:"包儿不要放在行李架上,要抱在怀里。"我当然就抱了包儿,后来实在不方便,才爬上最顶的卧铺,用毛毯紧紧围在铺角。过上几个小时,就爬上去看看。谁也不知道那包儿装了什么,我一直留神着周围人的神色,会不会发生被盗的危险呢?夜里去睡,包儿放在枕边,地方小,不能仰躺,就侧着,恍恍惚惚的,但终没有掉下来。到了北京,乘客都争先往车下拥,我却不敢妄动，最后一个下的车。车站上人很多，通道全挤满了，我第一次真切地感到了人多的可恼，又都慌慌张张，像要去武斗似的。我慢慢往前走，别人可以碰我，我却不敢碰别人。包儿挎在肩上，一只手又过去抱住，生怕包带儿突然会断了。吩咐同行的三个同伴分别在我前后："若有人要碰我，你们要保护呀！"出了车站，我仍疑惑不定，问道："是不是有人碰着我了？"他们就嗤嗤谑笑。我说："我怎么有一种破碎感？"他们更笑骂我是书呆子气，又故意逗我，提出一些满足他们的条件，说："要不，我们就不保护你了！"我只好百依百顺。

本来从北京到天津，两个小时的火车就到。但出站，买票，候车，却花了整整四个小时，下午五点五十八分，我们才坐上去天津的列车。乘客不多，包儿就坐了一个位，被我用手搂着。天黑下来，大家都疲困了，坐着打盹，我不能睡去，竭力从窗玻璃上往外看。外边的世界是黑颜色，玻璃上映出好多乘客的脸面，当然最清楚的是我的眉眼了：头发乱乱的，腮帮子显得更瘦。心想：我真是要去天津了吗？两年前，当我发表了一篇小小的散文，孙犁偶尔看到了，写了一篇读后感的文章。对于他的人品和文品，我很早就惊服得五体投地，我一个才练习写作的小青年的一篇幼幼稚稚的散文，倒得到他的笔墨指点，这使我很激动，也鼓起了我写散文的勇气。于是，我给他去了一信。万没想到，就在他收到我信的三个小时后，他便给我回了一信，谈了许多指点我写散文的见解。从此，我们就通起信来，他的每一次来信，都十分认真，有鼓励，有批评，直来直去，甚至在大年三十的中午，为我用毛笔书写了梁沈约的《宋书·谢灵运传论》里关于作文语言变化运用的条幅。但我又不敢多给他去信，怕打搅一个七十岁高龄的老人的生活。一些朋友都劝我去天津看看他，我也时时作着去天津的念头。但正式要去了三次，三次也没有成功。一次已经买了车票，却因为突然有个紧急会议没有去成。一次到北京开会，和妻说好顺路去天津，但在北京车站徘徊了许久，又作罢了。我知道自己的劣性儿，害怕见人，害怕应酬，情绪儿又多变化，曾经三次登华山，三次走到华山脚下，却又返回了。一回到家里，就十分后悔，自恨没出息。想：三去华山而不登，华山会长存，三次去见孙犁却不能，老人已经七十，难道还能再活七十吗？现在身下的车是实实在在往天津开了，一个呆头呆脑的矮个子怎么行走在繁华的天津大街上，一个蹩脚蹩手的学子怎么坐在一位文学大家的面前呢？我的胆怯儿又出现了，我赶忙闭上眼睛，心里说：什么也不要想，什么也不要想了。

夜里八点多，到了天津，我们给散文评委会打了个电话，我估计电话打通到车来还需一段时间，就放下包儿，一个人去找厕所，又一个人去买烟，才悠悠抽着，同伴就大声喊我，原来接车就在近处，在我去厕所时他们已接上头了。我忙跑过去，人都上了车，我一钻进去，车就开动了。我悄悄问同伴："我的包儿呢?"回答:"都装在车上了。""没轻放吗?""还用你说?"街道在白天或许平平坦坦,夜里灯光一打,路面却坑坑洼洼起来,车时不时颠一下。每一颠,我就心一紧:会不会颠坏骆驼?真想把包儿抱在怀里,但行李全放在车后尾仓,要取是不可能了。我心里就叽咕了:"不会损坏吧?""哪儿就能损坏了?""天津街道这么不平?"心里总不踏实,只恨离住地太远了,到了招待所,车停了,迎接的同志指着面前的楼房说:就住在二层上。我看见二层楼上灯光亮着,窗口有人在叫着欢迎的话,我多么高兴啊!这时候,迎接的人去打开尾仓取行李,仓一打开,突然掉下一个包儿来,咚的一声,我一下子惊慌起来:这是谁的包儿,不敢是我的包儿吧?包儿掉下来,在空中是翻了个个儿,依然底部着地的,那是一个崭新的不大不小的外边有一个小兜的皮包,我嗡地脑袋就大了。一把将它拎起来,站在那里一动不动了。同伴们也都发觉了,都闭了气儿,看我的脸色,问:"怎么会是你的?"我还是说不出话来。"不要紧吧?"我说:"不要说,不要说了!"言语里有了几分恼怒。再也顾不得与一些人寒暄,提着包儿就上了楼,就进了安排好的房间。一边自言自语:不会打碎吧?怎么会打碎呢?但却不去打开包儿看看,反点上一支烟,千声万声在心里祝福:它是不会碎的,它掉下来的时候是底儿朝下的,哪儿会碎了!足足过了两个小时,我又走出房间,故意和一些同志打招呼,说,笑。然后再走回来,将门插了，慢慢将包儿打开，心中充满了战战兢兢又迷迷糊糊的神秘色彩。啊！果然没事，骆驼依然在包儿里站着，高昂的头颅，下垂的脖子，我太兴奋了！再用手往下摸去，突然触到了什么东西，硬硬的，慢慢取出来，竟是一条断了的腿的瓷棍儿。我站在那里，眼睛一下子直了。

骆驼一共破碎了四条腿，三条是硬伤儿，一条的脚上碎裂成几十个粒颗儿。我没有了勇气把它送给孙犁了。第二天，到了孙犁家，老人正站在门口的花台子上，大个，暖洋洋的太阳照着全身，眼睛眯着，似乎有一种黑和蓝的颜色。经人介绍，他迟疑了一下，就叫着我的名字，同时拉我进了屋子，连声说："我才给你写好了信啊！"桌头上果然放着一封写给我的信。这封没有邮票，不加邮戳的信手接手地邮到了。我一时不知说什么好。他显得很快活，倒水，取烟，又拿苹果；问了这样，又问了那样，从生活，到写作，一直谈到读书，他打开了他的书柜让我看他的藏书，又拿了藏书目录让我翻阅。吃罢午饭，当我红着脸讲了骆驼破碎的过程，他仰头哈哈大笑，说："可以胶的，可以胶的！文物嘛，有点破损才更好啊！"两天后，我将胶粘好的骆驼放在他的书案，他反复放好，远近看着，说："这不是又站起来了吗！"便以骆驼为话题，又讲了好多为人为文的事。他是慈祥而又严厉的人，有好说好，有坏说坏。又是一个上午过去，又在那里吃饭，又是戴了帽子，拄了拐杖送我到院门口，又是叮咛我多来信。

  这天夜里,我给家中的妻写了信,信中对于骆驼的破碎事自我责骂了一通,写道:"你也不要再怨我,其实世上的事本来就没有十全十美的,愈是不十全十美才愈有了诗意吧;越是珍贵的东西,越是容易破碎,越是容易破碎的东西,也越是珍贵的吧。我留给孙犁的是一匹破损的瓷的骆驼的遗憾,孙犁留给我的是人品文品的永久启示的满足啊!"

高山仰止

宋安娜打来电话,告知孙犁先生在早上去世了,我站着闷了半天,心里十分悲痛,虽然前天有记者从天津也来电话,说过孙犁先生在病危期,但我没想到竟这么快。

孙犁先生真的就离开了文坛,离开了人间?我坐在椅子上反复地唠叨着,脑子里一幕一幕闪过的都是他的形象。

当我还在乡下,是十多岁孩子的时候,读到的文学作品又深深喜欢,以至于影响我走上文学路的就是孙犁先生的《白洋淀纪事》。当我仅仅是文学青年,在我不认识也毫不知晓的情况下接连为我的散文写了评论的是孙犁先生。我一生专门去拜见的作家是孙犁先生。而通信最多的也是孙犁先生。二十多年里孙犁先生一直在关注着我,给过鼓励,给过批评,他以他杰出的文学作品和清正的人格使我高山仰止,我也以能认识他而为荣幸。

孙犁在中国文坛上是独特的。他的文字从年轻到晚年都会堂皇行世。他曾经影响过几代文学青年。他的去世真正是文坛的巨大损失。我知道，他的去世会使无数的读者惋惜，也会让无数的作家叹息。我更坚信，孙犁这个名字是不朽的，他留下的丰厚遗产将永存于中国现当代文学之库。

孙犁论

读孙犁的文章，如读《石门铭》的书帖，其一笔一画，令人舒服，也能想见到书家书时的自在，是没有任何病疾的自在。好文章好在了不觉得它是文章，所以在孙犁那里难寻着技巧，也无法看到才华横溢处。《爨宝子》虽然也好，郑燮的六分半也好，但都好在奇与怪上，失之于清正。而世上最难得的就是清正。孙犁一生有野心，不在官场，也不往热闹地去，却没有仙风道骨气，还是一个儒，一个大儒。这样的一个人物，出现在时下的中国，尤其天津大码头上，真是不可思议。

数十年的文坛，题材在决定着作品的高低，过去是，现在变个法儿仍是，以此走红过许多人。孙犁的文章从来是能发表了就好，不在乎什么报刊和报刊的什么位置，他是什么都能写得，写出来的又都是文学。一生中凡是白纸上写出的黑字都敢堂而皇之地收在文集里,既不损其人亦不损其文,国中几个能如此?作品起码能活半个世纪的作家,才可以谈得上有创造,孙犁虽然未大红大紫过,作品却始终被人学习,且活到老,写到老,笔力未曾丝毫减弱,可见他创造的能量多大!

评论界素有"荷花淀派"之说,其实哪里有派和流?孙犁只是一个孙犁,孙犁是孤家寡人。他的模仿者纵然万千,但模仿者只看到他的风格,看不到他的风格是他生命的外化,只看到他的语言,看不到他的语言有他情操的内涵,便把清误认为了浅,把简误认为了少。因此,模仿他的人要么易成名而不成功,为一株未长大就结穗的麦子,麦穗只能有蝇头大,要么望洋生叹,半途改弦。天下的好文章不是谁要怎么就可以怎么的,除了有天才,有宿命,还得有深厚的修养,佛是修出来的,不是炼出来的。常常有这样的情形,初学者都喜欢拥集孙门,学到一定水平了,就背弃其师,甚至生轻看之心,待最后有了一定成就,又不得不再来尊他。孙犁是最易让模仿者上当的作家,孙犁也是易被社会误解的作家。

孙犁不是个写史诗的人(文坛上常常把史诗作家看得过重,那怎么还有史学家呢),但他的作品直通心灵。到了晚年,他的文章越发老辣得没有几人能够匹敌。举一个例子,舞台上有人演诸葛,演得惟妙惟肖,可以称得"活诸葛",但"活诸葛"毕竟不是真正的诸葛。明白了要做"活诸葛"和诸葛本身就是诸葛的含义,也就明白了孙犁的道行和价值所在。

孙犁的意义

我不是现当代中国文学的研究者,以一个作家的眼光,长期以来,我是把孙犁敬为大师的。我几乎读过他的全部作品。在当代的作家里,对我产生过极大影响的,起码其中有两个人,一个是沈从文,一个就是孙犁。我不善走动和交际,专程登门去拜见过的作家,只有孙犁;而沈从文去世了,他的一套文集恭恭敬敬地摆在我的书架上,奉若神明。

孙犁敢把一生中写过的所有文字都收入书中,这是别人所不能的。在中国这样的社会里,经历了各个时期,从青年到老年,能一直保持才情、作品的明净崇高,孙犁是第一人。

孙犁的主要作品是以农村为题材的,在他创作活跃的那个时期,出现了一大批农村题材小说的高手,但他是最独特的一个,也是最杰出的一个。他的作品往往在发表后就有了广泛的影响,但并不特别爆响，可半个多世纪过去了，许多在当时红火的书已经没有人再读了，或者再读已没有了多少对应，而他的书仍被相当多的人在读。孙犁是一面古镜，越打磨越亮。

　　文坛上曾流传着有关孙犁的是非，说他深居简出，说他脾气古怪，是他的性格原因呢，还是他的文学一直远离政治，远离主流文学圈子而导致的结果？这一切与他在意识上、文体上、语言上独立于当时的文坛，又能给后学者有所开启，是不是有关系呢？如果有关系，作家怎样保持他的文学的纯净，怎样积极地发展自己的天才，孙犁的意义是什么，贡献在哪里？遗憾的是对孙犁的研究虽然不断，但这些方面并未深入。如果抛开诸多的人为因素，如果以后孙犁的研究更深入下去，如果还有人再写现当代文学史，我相信，孙犁这个名字是灿烂的，神当归其位。

附：孙犁致贾平凹信五篇

其　一

平凹同志：

　　今天上午收到你十二日热情来信，甚为感谢。

　　我很早就注意到你的勤奋的、有成效的劳作，但我因为身体不行，读你的作品很少，一直在心中愧疚。"五一"节在《文艺周刊》看到你短小的散文，马上读了，当天写了一篇随感：《读〈一棵小桃树〉》，寄给了《人民日报》副刊版，直到今天还没有信息，我已经托人去问了。如果他们不用，我再投寄他处，你总是可以看到的。

文章很短，主要是向你表示了我个人衷心的敬慕之意。也谈到了当前散文作品的流弊，大致和你谈的相似，这样写，有时就犯忌讳，所以我估量他也可能不给登。近年来我的稿子，常常遇到这种情况，不足怪也。

你的散文的写法，读书的路子，我以为都很好，要写中国式的散文，要读国外的名家之作。泰戈尔的散文，我喜爱极了。

中国当代有些名家的散文，我觉得有一个大缺点，就是架子大，文学作品一拿架子，就先失败了一半，这是我的看法。我称你的散文是不拿架子的散文。

读书杂一些，是好办法。中国哲学书（包括先秦诸子）对文学写作有很大好处，言近而旨远，就使作品的风格提高。所谓哲理，其实都是古人说过的，不过还可以和现实生活结合起来，加以运用发挥。《红楼梦》即是如此成功的。

在创作方面，要稳扎稳打，脚步放稳。这样前进的人，是一定成功的。

等我再读一些你的作品,再谈吧。

祝你

安好!

孙犁

一九八一年五月十五日下午三时

其 二

平凹同志:

昨天晚上收到你的信,因为赶写一篇文章,未得及时奉复。今天早些起床,先把炉子点着,然后给你写信。

我们虽然没有见过面,可以说神交已久,早就想和你谈谈心了。前几个月,我也忽然梦到你,就像我看到的登在《小说月报》上你的那张照片。

我很孤独寂寞,对于朋友,也时常思念,但我怕朋友们真的来了,会说我待人冷淡。有些老朋友,他们的印象里,还是青年时代的我,一旦相见,我怕使他们失望。对于新交,他们是从我过去的作品认识我的,见面以后,我也担心他们会说是判若两人。

但是,你这次没到天津来,我还是感到遗憾的。我想,总会有机会见面的。

入冬以来，我接连闹病，抵抗力太弱了，又别无所事，只好写点东西，特别好写诗。前些日子，在《羊城晚报》发表了一首诗，题名《印象》，收到一位读者来信说："为了捞取稿费，随心所欲地粗制滥造。不只浪费编辑、校对的精神，更不应该的是浪费千千万万读者的时间。"捧读之下，心情沉重，无地自容。他希望我回信和他交换意见，因为怕再浪费他的时间，没有答复。

我的诗的毛病，曼晴同志为我的诗集写的序言，说得最确切明白不过了。但因为一开头就如此，所以很难改正过来。其实不再写诗，改写散文也行，又于心不甘，硬往诗坛上挤。我的目标是：虽然当不成诗人，弄到一个"诗人里行走"的头衔，也就心满意足了。

过去，作品发表以后，常常遇到一些棒喝的批判。近几年，因为有一些勇士，在那里扫荡，这种文章少见了。好写这种文章的人就改变方式，用挂号信，直接送货上门，随你爱听不听。言者无罪，闻者足戒，最好置之不理。

有些人是由于苦闷和无聊，和你开开玩笑，比如，我在一篇文章的末尾注明：降温，披棉袄作。他就来信问："你一张照片上，不是穿着大衣吗？"又如，我同记者谈话时说，"文化大革命"时，有人造谣说我吃的饭是透明的。他就又问："那就是藕粉，'荷花淀'出产得很多，你还买不起吗？"

说实在的,我收到的信,远远不如你们青年作家收到的多。其中,多数都是好心好意的,我常常为他们那种幼稚天真的心灵所感动,有时甚至难过:天下的事,哪里像他们所想象的那么容易!我回复的也很少,我确实有很多别的事要做,没有那么多精力了。

有的人也许会这样想:他们的稿子所以不得发表,是因为有老年人在那里挡着。我认为在官阶职位上,这种现象确实存在,在文学艺术上,就不能这样理解。各家刊物、出版社,虽有时对老年人不得不有所照顾,但就其总的趋势来说,其欢迎年轻人的劲头,比起欢迎老年人来,就大多了。历史如此,人之常情,谁也喜欢年轻的。其实也不必着急,不上十年,这些老家伙就会逐个消失,这是历史潮流所向,任何人不能阻挡的。

我的经验是:既然登上这个文坛,就要能听得各式各样的语言,看得各式各样的人物,准备遇到各式各样的事变。但不能放弃写作,放弃读书,放弃生活。如果是那样,你就不打自倒,不能怨天尤人了。

祝

全家安好!

孙犁

一九八二年十二月四日清晨

其 三

平凹同志：

今天晚饭前，收到你的信，我心里有些不平静，吃过饭，就给你写信。

今年天津奇热，我有一个多月，没有拿过笔了。老年人，既怕冷，又怕热。

我觉得，从事创作，有人批评，这是正常的事。应该视若平常，不要有所负担，有所苦恼。应该冷静地听，正确地吸取，不合实际的，放过去就是。不要耽误自己写作，尤其不可影响家人，因为他们对文艺及其批评，不明底细，你应该多给他们解释。

前几天北京来人，和我谈起了你。我说，青年人一时喜欢研究点什么，甚至有点什么思想，不要大惊小怪。过一段时间，他会有所领悟，有所改变的。那位同志也是这样看。

我也买过一些佛经，有的是为了习字（石刻或影印唐人写经），大部头的，我都读不下去，只读过一篇很短小的"心经"，觉得是其中精华。作为文化遗产，佛教经典，是可以研究的。但我绝不会相信，现在会有人真正信奉它。中国从南北朝、唐朝达到顶点，对佛教的崇奉，只是政治作用。人民出家，却大多为了衣食，而一入佛门，苦恼甚于尘世，这是我们从小说中，也可以看出的。

所以说，传说中你有这种思想，我是从不相信的。但人生并非极乐世界，苦恼极多，这也是事实。青年人不要有任何消极的想法，如有，则应该努力克服它。

你的小说，我只看过很少的几篇，谈不上什么"出世"或"顿悟"之类。但又觉得，你的散文写得很自然，而小说则多着意构思，故事有些离奇，即编织的痕迹。是否今后多从生活实际出发，多写些日常生活中的人和事，如此，作家主观意念的流露则会少些。

我的话，不知引起你的愉快或是不愉快，请你原谅我的信笔直书。

祝

好！

孙犁

一九八三年七月三十一日晚七时

其　四

平凹同志：

一月四日从北京发来的信，今天上午就收到了，出奇地快。寄一封平信到西安，要十天，挂号则更慢。可见交通之不便了。所以你不来天津，我是完全理解的，并以为措施得当。

目前出门,最好不要离开团体,如果不是跑生意,一个人最好不要出门。

上次从西安来信,也收到,曾仔细读过。原以为你能看到我写的关于《腊月·正月》那篇文章,就没有复信。谁知道那篇文章写了已经半年,到现在还没有刊出。不过,我猜想,你在北京可能知道了它的内容,有些话就不在这里重复了。

你到北京去参加了那么隆重的会,是很好的事,这是见世面的机会,不可轻易放过。不过,会开多了也没意思。我只参加过一次这样的会。

近来,我写了几篇关于通俗文学的文章,也读了一些文学史和古代的通俗小说。和李贯通的通信,不过捎带着提了一下。其实,这种文章,本可以不写,都是背时的。因为总是一个题目,借此还可以温习一些旧书,所以就不恤人言,匆匆发表了。

既然发表了文章,就注意这方面的论点。反对言论不外是:要为通俗文学争一席之地呀;《水浒》《西游》也是通俗文学呀;赵树理、老舍都是伟大的通俗文学作家呀。这些言论,与我所谈的,文不对题,所答非所问,无须反驳。

值得注意的是,凡是时髦文士,当他们要搞点什么名堂的时候,总说他们是代表群众的,他们的行为和主张,是代表民意的。这种话,我听了几十年了。五十年代,有人这样说。六十年代、七十年代,有人还是这样说。好像只有这些人,才是整天把眼睛盯着群众的。

盯着是可以的，问题是你盯着他们，想干什么。

当前的情况是，他们所写的"通俗文学"，既谈不上"文学"，也谈不上"通俗"。不只与水浒西游不沾边，即与过去的施公案、彭公案相比较，也相差很远。就以近代的张恨水而论，现在这些作者，要想写到他那个水平，恐怕还要有一段时间的读书与修辞的涵养。

什么叫通俗？鲁迅在谈到《京本通俗小说》时说："其取材多在近时，或采之他种说部，主在娱心，而杂以惩劝。"

社会上的，人心之不同，有如其面。文坛是社会的一部分，作家的心，也是多种多样的。娱心，是文学作品的一种作用，问题是娱什么样的心，和如何的娱法。作品要给什么人看，并要什么样的心，得到娱乐呢？

有的作家自命不凡，不分时间空间，总以为他是站在时代的前面，只有他先知先觉，能感触到群众的心声。这样的作家，虽有时自称为"大作家"，也不要相信他的吹嘘之词。而是要按照上面的原则，仔细看看他的作品。

看过以后，我常常感到失望。这些人在最初，先看了几篇外国小说，比猫画虎地写了几篇所谓"正统小说"，但因为生活底子有限，很快就在作品里掺杂上一些胡编乱造的东西，借一些庸俗的小噱头，去招揽读者。当他们正在处于囊中惭愧之时，忽然小报流行起来，以为柳暗花明之日已到，大有可为之机已临。乃去翻阅一些清末的断烂朝报，民初的小报副刊，把那些腐朽破败的材料，收集起来，用"作家"的笔墨编纂写出，成为新著，标以"通俗文学"之名。读者一时不明真相，为其奇异的标题所吸引，使之大发其财。

其实，读者花几分钱买份小报，也没想从这里欣赏文学，只是想看看他写的那件怪事而已。看过了觉得无聊，慢慢也就厌烦了。

你在信中提到语言问题，这倒是一个严肃的题目。你的语言很好，这是有目共睹的，不是我捧你。你的语言的特色是自然，出于真诚。但语言是一种艺术，除去自然的素质，它还要求修辞。修辞立诚，其目的是使出于自然的语言，更能鲜明准确地表现真诚的情感。你的语言，有时似乎还欠一点修饰。修辞确是一种学问，虽然被一些课本弄得机械死板了。这种学问，只能从古今中外的名著中去体会学习，这你比我更清楚，就不必多谈了。

我这里要谈的是，无论是"通俗文学"或是"正统文学"，语言都是第一要素。什么叫第一要素？这是说，文学由语言组织而成，语言不只是文学的第一义的形式；语言还是衡量、探索作家气质、品质的最敏感的部位，是表明作品的现实主义及其伦理道德内容的血脉之音！

而现在有些"文学作品"，姑不谈其内容的庸俗卑污，单看它的语言，已经远远不能进入文学的规范。有些"名家"的作品，其语言的修养，尚不及一个用功中学生的课卷。抄几句拳经，仿几句杂巴地流氓的腔口，甚至习用十年动乱中的粗野语言，这能称得起通俗文学？

通俗也好，不通俗也好，文学的生命是反映现实。远离现实，不论你有多大瞒天过海之功，哗众取宠之术，终于不得称为文学。

过去，通俗小说有所谓"话本"和"拟话本"。话本产自艺人，多有现实性，而拟话本产自文人，则多虚诞之作，随生随灭，不能永传。现在的一些武侠小说，充其量不过是"拟"而已矣，还不能独立成章。

雪中无事，写了以上这些，不知你平日对此是何看法，有何见解？冒昧言之，希望你和我讨论。

祝

安好！

孙犁

一九八五年一月五日

其 五

平四同志：

很久没有联系，忽然奉到您的信，我的高兴，可想而知。

联系少,是因为我近年身体不大如前,再加上各种因素,心情时常不佳,很少高兴的时候。给朋友们写信很少。

知道您要办一个散文刊物,名叫《美文》,我很赞成。美术、美声、美文都是很好的名称。当然要看实际。现在,散文的行情,好像不错,各地报刊争办随笔一类副刊,也标榜美文,但细读之,名副其实者少。

我仍以为,所谓美,在于朴素自然。以文章而论,则当重视真情实感,修辞语法。有些"美文"实际是刻意修饰造作,成为时装模特。另有名家,不注意行文规范,以新潮自居,文字已不大通,遑谈美文!例如这样的句子:"未必不会不长得青枝绿叶",他本意是肯定,但连用三个否定词,就把人绕糊涂了。这也是名家之笔,一篇千字文,有几次如此不讲求的修辞,还能谈得上美文?

另有名家,本来一句话,一个词就可说清的意思,他一定连用许多同类的词,像串糖葫芦一样,以证明词汇丰富,不同凡人,这样的美文,也是不足称的。近年"五四"散文,大受欢迎,盖读者已发现新潮散文,既无内容,文字又不通,上当之余,一种自然取向耳。

来信所谈,作家、作品与政治的关系,是实情。现虽不再谈为政治服务,然断然把文学与政治分离,恐怕亦不可能。服务与否,原可不论。官总得有人做,谁做也一样。只是有些作家,只能得意，不能失意，只能上，不能下，则有愧于古人。韩柳欧苏，并非如此。

毋庸讳言，当代一些所谓新潮作家，他的处女成名作，也是适应了当时的政治需要，而得以走红。这本来无可厚非，继续努力，自然可以成为名家。然每当跻身官场（文艺团体也是官场），便得意忘形，无知妄作。政治多变，稍遇挫折，便怨天尤人，甚至撒泼耍赖。这不仅有失政治风度，也有损作家风采。

文坛现状，使我气短，也很想离得远些了。写东西也很少，也写不好了。但如有像样的东西，我一定寄您请教。

我现在主要是心脏不好。

祝您

身体健康！

孙犁

一九九二年四月二十五日

给浅浅

浅浅是我的女儿,从小就喜欢写诗,我只觉得好玩可爱,但从不鼓励她将来当作家诗人。文坛上山高水远,风来雨去,人活得太累,并且我极不爱听文二代之说,这样的帽子很容易被戴上,既丑陋,又硌得脑袋疼。在二三十年里,我仅呵护她的上学、就业、结婚,指望着一切能安康平顺,岁月静美。等到她的两个孩子终于上小学了,家里没了零乱和嚣烦,有一日她送我烟酒还有几首诗,我才知道她其实还一直写诗,只是有的写在日历上,有的写在手机上,有的能念出来还没有写下来。

唉,诗这东西像种子一样,有土壤水分了就要拱土发芽、生叶抽枝的。我读了那些诗,觉得有意思,她说够不够发表水平,我说,就是够发表水平也不要发表,诗可以养人,不可以养家,安分过一般日子吧。

她是听我话的，生活得简单而安静，偶尔给我手机上发一首诗。我对她的诗越来越辅导不了，以我的爱好，总是回复一句好或是不好，建议她给她认识的几个诗人发去让人家看看。此后很久的时间，她不再发诗给我，或许她觉得我老打击她，或许也觉得我真的不懂诗。后来我所知道的，是一些朋友认为她写得还好，竟替她把一些诗稿投给杂志，竟受到肯定，有了许多赞许的话。

人真是奇怪，受了鼓励，就像火山爆发一样，虽然这火山上冰雪覆盖。这一点上她有点像我。

她现在已经不小了，说起来有父女的名分，实际上我是我，她是她，她早不崇拜我，我也无法控制她，何况诗是她的，与我毫不相关。她的诗在各种杂志上不断地发表，偶尔我读到了，也让我惊讶，她怎么有那么多的奇思妙想！那些句子是她这个年龄人的句子，是这个时代的句子，我是远远撵不上了，倒生出几多感叹和羡慕。

我曾经给许多人写过序，给许多书画展览、新书发布会站过位，而浅浅要做公开的诗人了，又出版第一本诗集，我却因别的事外出，不能到现场祝贺，就写几句话赠送她。我要说的是，既然一棵苗子长出来了，就迎风而长，能长多高就多高，不要太急于结穗，麦子只有半尺高就结穗，那穗就成了蝇头。

培养和聚积能量是最重要的，万不可张狂轻佻，投机迎合，警惕概念化、形式化，更不能早早定格，形成硬壳。作家诗人是一生的事，长跑才开始，这时候两侧人说好说坏都不必太在心，要不断向前，无限向前。

　　最后，我还要说：做好你的人，过好你的日子，然后你才是诗人。

二〇一八年一月六日